El amigo americano

El amigo americano

El hombre de Obama en España

JAMES COSTOS
Y SANTIAGO RONCAGLIOLO

Papel certificado por el Forest Stewardship Council®

Primera edición: octubre de 2018
Primera reimpresión: octubre de 2018

© 2018, James Costos
© 2018, Santiago Roncagliolo Lohmann.
Autor representado por Silvia Bastos, S. L. Agencia literaria
© 2018, Penguin Random House Grupo Editorial, S. A. U.
Travessera de Gràcia, 47-49. 08021 Barcelona

Printed in Spain – Impreso en España

ISBN: 978-84-9992-907-1
Depósito legal: B-11.032-2018

Compuesto en Pleca Digital, S. L. U.
Impreso en Unigraf
Mósteles (Madrid)

C 929071

Penguin
Random House
Grupo Editorial

Índice

EL PRESIDENTE DIFERENTE

ACCESO PERSONAL

CONECTANDO PERSONAS

SIEMPRE NOS QUEDARÁ MADRID

EL PRESIDENTE DIFERENTE

La llamada

—James, me acaban de preguntar si quiero decorar la Casa Blanca.

—Oh, por Dios. Cuelga el teléfono. Es una broma pesada.

—No, no. Creo que es en serio.

A finales de 2008, mi pareja, Michael, y yo estábamos de vacaciones en Jamaica. Por lo general, los dos padecíamos exceso de trabajo. Él se dedicaba al diseño de interiores en casas de grandes nombres del espectáculo estadounidense, desde Bruce Springsteen hasta Harrison Ford. Yo era vicepresidente ejecutivo global de Patentes, Marketing y Comunicaciones en HBO. El día de Acción de Gracias, los dos desaparecíamos del *show business* y alquilábamos una casa en la playa para relajarnos y desconectar.

Lo último que esperábamos era una llamada de trabajo y, menos aún, de las más altas esferas. Solo que, recientemente, las esferas habían cambiado un poco.

Estados Unidos tenía un nuevo presidente llamado Barack Obama. Después de la era Bush, caracterizada por la guerra y la crisis financiera, Obama inspiraba paz, prosperidad y fraternidad. Yo llevaba tiempo deseando un presidente que representase a unos Estados Unidos que quieren convivir con los demás, no pelear contra ellos. Además, el primer afroamericano en el Despacho Oval también representaba lo mejor del país, de la nación donde cualquier persona, sin importar su raza, credo o ideas, puede llegar a ser presidente. Yo mismo formo parte de un colectivo tradicionalmente discriminado, los homosexuales, de modo que veía en él a alguien que podía hablar por mí.

Michael y yo habíamos votado por él, pero aparte de eso no sabíamos más sobre su persona que cualquier otro estadounidense lector de periódicos. Hasta el día de la llamada.

Al otro lado de la línea hablaba una amiga nuestra, Katherine, que estaba cenando en ese momento con una vecina suya: la nueva secretaria de Relaciones Públicas de la Casa Blanca, una amiga personal de Barack y Michelle Obama llamada Desirée Rogers. Desirée personificaba los cambios de la era Obama. No era una funcionaria, sino una empresaria graduada en la Harvard Business School que venía de dirigir una empresa de energía y que había estado activa tanto en el mundo empresarial como en el filantrópico. Y, sobre todo, era una orgullosa activista afrodescendiente.

Unos años antes, Desirée había llegado a abandonar el patronato del Museo de Arte Contemporáneo de Chicago junto con otros cuatro trabajadores representantes de minorías para denunciar su falta de diversidad racial. Y ahora acababa de convertirse en la primera afroamericana a cargo de la agenda social de una residencia presidencial construida por esclavos y cuyos ocupantes habían sido muchas veces dueños de esclavos.

En sintonía con ese cambio, Michelle Obama planeaba transformaciones ambiciosas: quería abrir la Casa Blanca a la gente, que la pudieran visitar artistas, estudiantes y trabajadores. Y, por cierto, también quería cambiar las pinturas y esculturas, cuyos autores eran tradicionalmente tan blancos como las paredes que decoraban. Dicen que en los últimos días de su mandato, el abatido Richard Nixon vagaba por los pasillos de la Casa Blanca hablando con los retratos —o quizá, con sus fantasmas— de los expresidentes. Si esos fantasmas seguían ahí, debieron de haber alzado una ceja al oír los planes de la primera dama.

Desirée era la persona encargada de materializar esa nueva estética y buscaba candidatos para acondicionar los interiores de la residencia. Así que, si Michael estaba interesado en el puesto (¿y quién no?), teníamos cuarenta y ocho horas para hacerle llegar al presidente una muestra de su trabajo.

—No hay problema —dijo Michael por teléfono, aunque yo seguía pensando que debía de ser una broma—. Acabo de publicar mi último libro de decoración. Está lleno de fotografías de las cosas que he hecho. Simplemente, compra un ejemplar en Barnes & Noble y entrégaselo a Desirée.

Al día siguiente, nuestra amiga Katherine volvió a llamar:

—¡El libro está agotado! No se consigue en ninguna parte. Y nos queda un día.

Al final, por suerte, la oficina de Michael consiguió un ejemplar quién sabe dónde y se lo hizo llegar a Desirée justo a tiempo. Ella se lo enseñó al futuro presidente y a la primera dama. Les gustó.

Cuarenta y ocho horas son un lapso brevísimo. Apenas lo que dura un fin de semana. O lo que puedes dejar una tarta fuera de la nevera sin que se reseque. Pero aquellas cuarenta y ocho horas hicieron que nuestra vida cambiase durante un tiempo mucho más largo.

Cuando regresamos a Los Ángeles, Desirée le pidió a Michael que se reuniera con los Obama. Lo invitaron a su casa de Chicago, donde aún vivían. Michael viajó hasta allí y mantuvo una primera reunión de dos horas con ellos, para descubrirlos en su propio entorno y, sobre todo, para comprender su estilo de vida.

Decorar la casa de una familia no solo requiere conocimientos de arte y arquitectura. También hay que entender la psicología de sus habitantes, su geografía íntima y sentimental. Michael es más que un interiorista; es una persona inteligente y sensible que absorbe todo lo que puede de sus clientes: sus gustos, sus intereses y sus expectativas. Él diseña hogares pensando siempre en ellos, en el paraíso privado que necesitan. Y aparte de decorar interiores, hace una especie de curaduría: busca obras de arte adecuadas para la manera de vivir de sus habitantes.

Los Obama eran gente educada. Sabían de pintura y tenían muy clara la estética que deseaban. Pero, sobre todo, pensaban mucho en sus hijas. Les preocupaba que ellas no se sintiesen cómodas en esa casa nueva tan particular. Michael los escuchó y les hizo algunas propuestas, personales y sobre la Casa Blanca. Él es un fanático de la historia, de modo que la idea de decorar nuestro edificio más emblemático le resultaba apasionante.

Su pasión debió de haber sido contagiosa, porque al día siguiente, ya de vuelta en casa, recibió una nueva llamada: había sido elegido.

Cuando un nuevo presidente llega al Despacho Oval, se enfrenta al reto de formar un equipo. Y quiero decir uno enorme: desde el ministro de Defensa hasta el director de la CIA. El mandatario cuenta con tanta gente a su alrededor y tiene tan poco tiempo para seleccionarlos —apenas un par de meses— que resulta fácil equivocarse. Afortunadamente, el presidente Obama venía de toda una vida dedicada al servicio público, de modo que tenía claro el mejor perfil para cada caso.

Años después, el siguiente Gobierno estadounidense mostraría por qué esa experiencia es tan sumamente importante: desde el principio de su mandato, Donald Trump ha dejado un ejemplo muy claro de lo mal que puede salir todo si no sabes escoger bien a tu equipo.

Para un puesto tan importante como el de director de Comunicación, Trump nombró a Michael Dubke. Dos meses después, Dubke renunció por inesperadas «razones personales». Entonces tomó el cargo Sean Spicer. Pero Spicer se llevaba fatal con la prensa, un problema insalvable si tu trabajo es... bueno, tratar con la prensa. Spicer se ponía agresivo. O hacía declaraciones desafortunadas que los medios aprovechaban para ridiculizarlo. Llegó a decir que «ni siquiera a Hitler se le ocurrió usar armas químicas», una falsedad indignante por el recuerdo de las cámaras de gas. A los seis meses de gobierno, Trump se sentía tan descontento que obligó a Spicer a dimitir y nombró en su lugar a Anthony Scaramucci, un asesor financiero.

Pero Scaramucci tenía tan poca idea del asunto que empezó a insultar al propio equipo de Gobierno. Llamó al jefe de Gabinete «jodido paranoico esquizofrénico». Del estratega jefe del equipo dijo: «Yo no intento mamármela como él». Al final, apenas duró diez días de portavoz y todo el episodio dejó a la Casa Blanca muy mal parada. Eso no parecía un Gobierno, sino una casa de locos. Y eso es lo que ocurre cuando no tienes idea de a quién contratas.

En cambio, para evitar sorpresas bochornosas, Barack Obama asumió una política muy estricta: cada persona en su esfera, cada miembro de su equipo, debía pasar controles muy rigurosos, primero del círculo presidencial y luego del FBI. Hasta al colaborador más insignificante se le exigía un pasado intachable, más allá de cualquier reproche que pudiese avergonzar a la institución presidencial y, por lo tanto, al país.

Michael dio su nombre, fecha de nacimiento, número de identificación y todos los datos necesarios. Los dos creíamos que se trataba de un trámite rutinario, nada de que preocuparse. Pero apenas un día después, Desirée llamó con voz muy seria y dijo:

—Michael, tenemos un problema: ha aparecido una infracción en tu historial.

Michael no podía entenderlo:

—¡No he tenido un problema legal en mi vida! ¡Nunca he hecho nada malo!

—Pues no sé qué decirte, porque, en realidad, son dos infracciones.

Todavía no sabían de qué se trataba exactamente, pero en todo caso existía la posibilidad de que pasar el historial de Michael al FBI solo sirviese para meternos a todos en problemas. Él colgó el teléfono totalmente confuso y desconcertado. El maravilloso trabajo con el flamante presidente podía desvanecerse sin saber siquiera por qué. Pero entonces, de repente, se me iluminó la mente y creí saber de qué se trataba.

El verano anterior lo habíamos pasado en Laguna Beach. Y habíamos tenido una discusión en el coche. Fue por alguna tontería sin importancia, yo qué sé. El caso es que una cosa llevó a otra y, como suele ocurrir en estas situaciones, nos exaltamos un poco. Michael conducía y se saltó un stop.

Como es natural, la policía lo vio y nos multó. Pero, incluso después, seguimos discutiendo por la misma tontería, solo que más enfadados, y Michael volvió a saltarse otro stop. Y volvieron a multarnos. Esas eran las dos infracciones. Las dos en el mismo día. Estuvo mal, pero, por suerte, no te eliminan de un equipo presidencial por cosas así.

Los papeles de Michael pasaron el siguiente filtro y, efectivamente, las infracciones del historial de Michael eran esas. Nada de que preocuparse. Nada de delitos federales o comportamientos impropios.

Aun así, resulta angustioso saber que tu vida entera se encuentra bajo sospecha federal. Uno suele vivir para sí mismo, no para el FBI.

La noche de cuento de hadas

Una vez pasados los exámenes biográficos, no se extinguió del todo el estrés de trabajar para la Casa Blanca. Ahora, simplemente, los problemas eran otros.

Faltaba solo un mes y medio para que Obama se mudase, lo cual es poco tiempo de por sí para un proyecto de tal envergadura. Pero, además, si vas a decorar una casa, por lo general puedes visitarla antes y echar un vistazo a los espacios y los muebles. Tomas medidas, valoras la luz y te formas una idea del lugar y sus ocupantes. Eso es lo que se hace en una situación normal.

Ahora bien, la residencia del presidente de Estados Unidos es cualquier cosa menos un lugar normal. George Bush no iba a permitirle a Michael pasear por la casa antes de abandonar el cargo. De hecho, ni siquiera se lo dejaría al propio Obama. Y no por antipático. Esa es la tradición. El presidente saliente no va por la casa tropezando con las obras o los amigos de su sucesor. Simplemente, se marcha el 20 de enero y el siguiente mandatario entra a vivir ese mismo día. Los dos se encuentran en las escaleras, se hacen una foto del relevo que da la vuelta al mundo y solo a partir de ese momento el nuevo inquilino puede dormir en la casa (si ha tenido tiempo de meter una cama en ella).

En teoría, claro, Michael podía haber trabajado sobre plano. Pero tampoco iban a darle los planos. En los últimos días de una Administración, el equipo del presidente está agobiado preparando la mudanza y nadie tiene tiempo de echar una mano. Menos aún si se trata del presidente del partido rival.

Por suerte, existe internet. Todos nos lanzamos a buscar información en nuestros ordenadores. Yo encontré la página *whitehousehistory.org* y el despacho de Michael buscó frenéticamente otros sitios web con fotos y detalles de las distintas salas. La Casa Blanca está considerada un museo, así que sus instalaciones no son especialmente confidenciales. No encontramos nada demasiado detallado, pero sí suficiente para que Michael se hiciese una idea. Lo más difícil, en realidad, era entender las dimensiones. Las fotos no permitían formarse una idea clara del tamaño de los salones y las habitaciones: la altura de los techos o la escala de las paredes eran cosas que había que calcular a grandes rasgos.

Y así llegamos al día crucial.

El 20 de enero de 2009, una limusina negra dejó a los Obama ante las escaleras de la Casa Blanca, donde fueron recibidos por el presidente George Bush y la primera dama, Laura Bush. La futura primera dama, Michelle Obama, lucía un vestido verde, llevaba un regalo en la mano y mostraba en su máximo esplendor ese talento tan suyo para que todo, incluso ese momento solemne, resultase absolutamente natural.

La campaña electoral había sido bronca, como todas las campañas, y Barack Obama se había mostrado siempre muy duro con el legado dejado por Bush. Aun así, ese pequeño saludo entre ambos presidentes simbolizaba la fortaleza de la democracia estadounidense y el triunfo de la fraternidad sobre la discordia. De hecho, aunque ya he admitido que no simpatizo políticamente con Bush, debo dejar constancia aquí de que hizo la transición tan cordial y efectiva como era posible y que, a partir de entonces, jamás interfirió en los asuntos de su sucesor. Es importante reconocer las muestras de elegancia y cultura democrática, vengan de donde vengan.

El protocolo de la transición manda que, una vez dentro de la Casa, los inquilinos salientes invitan a los nuevos a tomar un café y luego les hacen una pequeña visita guiada por el lugar. A continuación, los dos hombres suben a un vehículo —y las dos mujeres, a otro— que los lleva al Capitolio, donde se celebra la ceremonia de cambio de mandato propiamente dicha.

Solo en ese momento, cuando los dos automóviles partieron, Michael pudo entrar por fin en el lugar que debía redecorar. Era la primera vez que lo hacía.

Después de la ceremonia del Capitolio, se celebra un almuerzo oficial. Luego viene el desfile y, a continuación, los nuevos presidentes regresan a casa. Para entonces, ya tiene que ser *su* casa. Michael tenía unas ocho horas para retirar los muebles viejos, colocar los nuevos y transformar los interiores. No debe estar todo hecho, claro, pero sí es necesario dar a la casa un toque personal.

El plan de Michael era cambiar algunas obras de arte y concentrarse en los dormitorios, que son la parte más íntima de una casa: por supuesto, en el de los Obama, pero también en el de la señora Robinson, la abuela, que se mudaba con ellos. Y especial cuidado requerían las habitaciones de las niñas, Malia y Sasha. Ellas aún eran muy pequeñas (ninguna de las dos pasaba de los diez años) y la Casa Blanca puede resultar muy imponente, con sus techos de tres metros de altura y su aspecto de museo. Así que la prioridad decorativa era que se sintiesen cómodas, sin tener que alterar el carácter histórico del lugar.

Por ejemplo, Michael diseñó sillas estilo siglo XVIII, pero las pintó de rosa, de modo que fuesen respetuosas y cálidas a la vez. Además, llevó algunos cojines, pinturas, alfombras, sábanas... en fin, ese tipo de cosas.

Mientras él trabajaba, yo me quedaba en el hotel Hay Adams, que resultaba de lo más adecuado para la situación. El hotel se llama así por John Hay, quien fue secretario personal del presidente Lincoln y secretario de Estado con Theodore Roosevelt. Y por Henry Adams, descendiente de otros dos presidentes. Durante el siglo XIX, el edificio albergaba tertulias sobre política, arte y literatura con invitados como Mark Twain o Henry James. El hotel Hay Adams encarna la influencia de las artes y las letras en el centro del poder estadounidense. Así que, por razones simbólicas, no existía un alojamiento mejor en esos días históricos. Pero, en realidad, lo escogimos porque queda justo enfrente de la Casa Blanca, al otro lado de la plaza Lafayette.

Recuerdo que era un día muy frío y no asistí al desfile. Me quedé viendo las noticias todo el día. Oí el discurso de posesión del nuevo presidente. Y le escuché decir:

> Ha llegado la hora de reafirmar nuestro más perdurable espíritu; de escoger nuestra mejor historia; de llevar adelante el precioso don, la noble idea que ha pasado de generación en generación: la promesa divina de que todos somos iguales, todos somos libres y todos merecemos una oportunidad para buscar la plena felicidad. Pero al reafirmar la grandeza de nuestra nación, asumimos que la grandeza nunca nos viene dada. Debemos ganárnosla. Nuestro viaje nunca ha tenido atajos. Nunca se ha conformado con lo mínimo. No ha sido un camino para débiles ni para quienes prefieren el ocio al trabajo o buscan solo los placeres de la riqueza y la fama. Al contrario. Han sido los arriesgados, los proactivos, los emprendedores —a veces reconocidos, pero, con mayor frecuencia, hombres y mujeres con labores invisibles— quienes nos han llevado por el largo y escabroso camino hacia la prosperidad y la libertad.

En ese momento, me impactó de lleno la magnitud de lo que estaba ocurriendo en Estados Unidos. Obama hablaba de buscar la igualdad entre las razas, pero también entre todas las minorías. Sus palabras se referían incluso a mi sexualidad. Fue tan poderoso, tan mágico, que me sobrecogió. Y lo mismo debió de ocurrirles a los millones de personas que siguieron la intervención desde sus casas en Estados Unidos y en el resto del mundo. Algo importante estaba ocurriendo: se estaba gestando una nueva oportunidad para la concordia y el entendimiento en un planeta convulso.

Me consumía la expectación. Cada veinte minutos, miraba por la ventana, hacia el patio Norte de la residencia presidencial, y me acordaba de Michael. Cogía el teléfono y lo llamaba.

—Hola. ¿Qué está pasando por allí?

—¡James, estoy muy ocupado! ¡No me llames!

Volvió al hotel al final de la tarde, a tiempo para descansar un poco y ponernos los esmóquines. La noche del cambio de mando se celebran unos diez bailes en Washington, organizados por instituciones locales, veteranos de guerra y todo tipo de asociaciones, a los que asisten el presidente, el vicepresidente y sus parejas. Toda la ciudad entra en efervescencia, pero, a la vez, en estado de máxima alerta de seguridad. Es una locura.

Nosotros estábamos invitados a todos esos bailes, incluso al último, que se celebra en la Casa Blanca con la nueva pareja presidencial como anfitriona. Así que subimos al coche y nos dirigimos al primero de ellos. Qué espanto de noche vivimos. El tráfico era un infierno. Llegamos tarde. No vimos a los Obama. Intentamos alcanzarlos en la siguiente fiesta. Una vez más, el tráfico estaba imposible. Calculamos que no llegaríamos ni a la tercera. Éramos dos hombres con esmoquin, atacados de estrés y atascados en un coche.

Entonces se me ocurrió:

—¿Por qué estamos persiguiendo a los Obama por toda la ciudad si estamos invitados a su casa? ¿Qué tal si, simplemente, regresamos al hotel, echamos una siesta, esperamos a la última fiesta y cruzamos la calle caminando?

Y eso hicimos. Michael estaba tan exhausto como excitado después del intenso día de trabajo, de modo que nos recostamos un buen rato sin siquiera quitarnos los esmóquines. Estábamos citados a medianoche. A las once, bajamos al bar del sótano del Hay Adams. Había gente por todas partes. Bebimos una copa de champán en medio de la multitud. Y a las doce menos cinco, atravesamos la plaza.

Para nuestra sorpresa, ni siquiera tuvimos que enseñar nuestros documentos en la puerta de la Casa Blanca. Solo dimos nuestros nombres y nos dejaron pasar. Yo esperaba un riguroso control de seguridad, que no existía. Y sobre todo, esperaba una fiesta, que al parecer, tampoco había. Nada de fuegos artificiales ni bullicio ni colas. Solo silencio y quietud.

Alguien nos condujo al salón Este, el más grande de la primera planta, un espacio con cortinas doradas que se reserva para las grandes cenas y los mensajes presidenciales. Sin embargo, esa noche todo resultaba de una acogedora sencillez. En el salón no había más de cincuenta personas, repartidas en varias mesas sin adornos especiales, con un poco de comida y champán. Una banda de jazz tocaba suavemente en una esquina de la estancia; luego descubrí que era Wynton Marsalis. Pero hasta eso ocurría como si no importase, en una atmósfera amable y relajante. De no ser por los esmóquines y los trajes de noche, se habría dicho que asistíamos a una Navidad familiar.

Pronto comprendimos que eso no era un gran baile. Era una recepción privada y discreta, sobre todo dirigida a amigos de Chicago y miembros de la familia. Para los Obama, lo más importante no era el relumbrón de la vida social, sino la tranquilidad de sentirse entre amigos. Y lo más sorprendente: nosotros estábamos en su lista de amigos. En realidad, se trataba de una invitación mucho más especial de lo que creíamos.

Mientras esperábamos, tuve un atisbo de lo que Michael hacía en la Casa Blanca. Él no deja de trabajar nunca y esa noche no fue la excepción. El salón Este tenía cuatro enormes candelabros sobre las chimeneas, cuatro piezas de museo bellísimas. Pero estaban todos apagados. Michael adora las velas y pensó que derramarían una luz hermosa y cálida sobre la sala. Llamó al mayordomo y le dijo:

—¿Por qué no están encendidos los candelabros?

—Porque son muy antiguos. La cera caliente de las velas podría dañarlos.

—Entonces, ¿cuándo se encienden?

—No se han encendido nunca, que sepamos.

Michael se quedó con la idea. Le parecía un completo desperdicio. Así que concibió unos protectores especiales que permitirían lucir los candelabros en todo su esplendor. A partir de la siguiente recepción oficial, gracias a él, las velas del salón Este brillarían para siempre.

Pero aún estamos en la primera recepción, la noche del cambio de mando. La pareja presidencial llegó a la una menos cuarto. Una vez más, actuaron con una discreción asombrosa. De repente, se abrieron las puertas y ellos ya estaban ahí, saludando a los invitados con abrazos y sonrisas.

Su entrada fue muy característica de su espíritu igualitario y sencillo. Ellos no entienden el poder como un ejercicio de narcisismo, sino como un servicio. Y, por lo tanto, no se consideran más que ninguna otra persona. Cuando un presidente de Estados Unidos hace acto de presencia en sus salones, habitualmente suena el himno *Hail to the Chief,* una marcha con fanfarrias llena de pompa y circunstancia cuya letra dice: «Gloria al líder que escogimos para la nación, gloria al que nombramos comandante». Trump, por ejemplo, la pone todo el tiempo. Pero durante los años en que visité la Casa Blanca después de esa noche, no vi que Obama la hiciese sonar una sola vez.

Al llegar, la ahora primera dama Michelle Obama aún llevaba su traje de noche. El presidente, su esmoquin. Durante una breve ronda de saludos a todos nosotros, ella fue anunciando:

—Mis hijas están arriba. Tengo que acostarlas. Y luego me iré a la cama.

Se marchó como había entrado y como lo hace todo: suavemente, sin acaparar la atención.

A continuación, el presidente se fue acercando a todos los invitados. Michael y yo aguardábamos junto a la chimenea. Yo todavía no lo conocía. Y nunca había estado en la Casa Blanca.

Bueno, había hecho el paseo turístico de niño, pero esto era algo muy diferente. Esta vez, yo era un invitado.

Pete Souza, el fotógrafo oficial de Obama, andaba por ahí haciendo tomas del presidente con los invitados. Podíamos pedirle una para inmortalizar el momento. Se lo sugerí a Michael:

—Tenemos que pedirle una foto al presidente. Esta ocasión es histórica.

—Yo no se lo voy a pedir —me respondió.

Y si no lo hacía él, tampoco iba a hacerlo yo.

Cuando el presidente llegó junto a nosotros, le dijo a Michael:

—Antes de venir al salón Este, Michelle y yo hemos subido a ver las habitaciones ¡Has hecho un milagro! Las habíamos visitado hace diez horas y parecían otro lugar.

Michael había puesto flores y velas en la habitación de los Obama y había colgado un cuadro de James McNeill Whistler, un pintor impresionista estadounidense, junto a la cama de matrimonio. Visiblemente emocionado, el presidente añadió:

—Y tengo un Whistler. ¡Has colgado un Whistler en mi habitación!

Él era el presidente, y había sido senador, pero era —y sigue siendo— una persona sencilla. Jamás había soñado con tener acceso a una obra de arte histórica. Se le veía tan feliz como un niño. Michael yo nos sentimos profundamente conmovidos.

Creo recordar que yo dije algo muy estúpido, del tipo:

—Whistler es de Lowell, Massachusetts. Como yo.

Supongo que esa tontería acabó con el momento mágico. Obama recuperó el aplomo ejecutivo y afirmó:

—Todavía tenemos trabajo que hacer. Hay que seguir con la casa y pensar en el Despacho Oval. Mañana nos reuniremos para conversar de todo eso.

Y entonces, Michael, como si fuéramos un dúo cómico especializado en meter la pata, logró decir precisamente lo único que nadie habría dicho en esas circunstancias:

—Mañana no puedo.

—¿Cómo?

—Tengo que atender a un cliente en Nueva York. Debo viajar. Es que no sabía que íbamos a reunirnos.

Recuerdo que Obama respondió:

—Creo que acabas de decirle que no al líder del mundo libre.

—Y se echó a reír.

Obama siempre hace que la gente se sienta cómoda a su alrededor. Durante nuestro breve encuentro volví a pensar en pedir la foto, pero no parecía buena idea detener la conversación con un gesto de fan. Y no lo hice...

Hasta hoy, lo único que lamento de aquella noche es que no tengamos una imagen. Una noche en la que me sentí muy orgulloso de Michael, de hasta dónde había llegado su talento. También me sentí un privilegiado por estar ahí con él, junto a la chimenea y frente a la historia. Y creo que Michael volvió a la Casa Blanca a los dos días, después de la cita con su cliente de Nueva York. Al menos, eso espero que hiciera.

Al final de la velada, los mayordomos nos condujeron a la salida por el vestíbulo central, hacia el patio Sur. Como ya dije, era una noche gélida. Si salíamos por ahí, tendríamos que dar la vuelta entera a la Casa, muertos de frío. Así que pedí por favor que nos dejasen volver por la puerta principal, justo enfrente de nuestro hotel.

Lo dije solo por si acaso. No tenía ninguna esperanza de que se rompiese el protocolo de Estado para que un par de invitados no pasaran frío. Nunca había ocurrido.

Increíblemente, y con toda amabilidad, los mayordomos aceptaron.

Así que volvimos al mundo real a una temperatura aceptable. Y ese fue el fin de nuestra noche de cuento de hadas, la noche en que la Casa Blanca se convirtió en un lugar para reunir a los amigos.

Conociendo a los Obama

De vuelta en Los Ángeles, después de mi primera visita a la Casa Blanca, escribí una carta. En el encabezamiento, puse:

> Estimado señor presidente y primera dama Michelle Obama:

Nunca le había escrito a un presidente. Jamás había conocido a uno. Y no sabía cómo dirigirme a él. Así que, sencillamente, traté de redactar la carta en el mismo tono de confortable intimidad con el que él nos había obsequiado el 20 de enero:

> Con enorme orgullo y placer personal, quiero agradecerle el distinguido privilegio de invitarme, junto con mi pareja Michael Smith, a la recepción de medianoche en la Casa Blanca para celebrar su toma de posesión. Formar parte de los acontecimientos de ese día histórico fue un honor que quedará grabado para siempre en mi memoria.
>
> El estilo cálido y sobrio de esa noche marca claramente una nueva manera de hacer las cosas y encarna el espíritu y los valores que los estadounidenses llevamos años deseando ver en la Casa Blanca.
>
> Cada día, cuando veo a Michael dedicado a sus labores en la Casa Blanca, recuerdo esa noche y renuevo mi esperanza en lo que su Administración representa para este país. Me enorgullece sen-

tirme conectado íntimamente a su presidencia de ese modo extraordinario, y esta asociación única me inspira para servir mejor a mi nación.

Respetuosamente,

JAMES COSTOS

Llevé la carta personalmente al correo. Meses después, encontré una respuesta en mi buzón. El presidente me agradecía la carta y me transmitía su orgullo por representar a todos los estadounidenses.

Aún entonces, yo lo admiraba de lejos. Era Michael quien tenía una relación personal con los Obama. De hecho, la misma que tiene con todos sus clientes. Cuando comenzó en la Casa Blanca, él y yo llevábamos juntos once años y todos sus clientes se habían ido convirtiendo en amigos nuestros: gente que visitábamos o invitábamos a casa para vacaciones, cuyas vidas nos interesaban. Como ya dije, decorar una casa implica establecer un contacto íntimo con sus habitantes, dar forma a sus espacios más privados. No se puede hacer eso sin apreciarlos de verdad.

En este caso, además, todo el trabajo de interiores tenía que ver directamente con la familia Obama. Michael ni siquiera podía tocar la primera planta de la Casa Blanca, dedicada sobre todo a espacio museístico. Todos los muebles de esa zona forman parte del patrimonio cultural de Estados Unidos y, aunque él estaba autorizado a cambiarlos de lugar, tenía prohibido retirarlos o reemplazarlos. Su área de trabajo ni siquiera incluía la Oficina Oval, la habitación más visible del edificio, porque estábamos en plena crisis. Mucha gente sufría el desempleo y la pobreza. De modo que el presidente no quería hacer ostentaciones innecesarias. Todo su «territorio» quedaba en la segunda planta, donde los Obama comían, dormían y jugaban.

En toda esa zona jamás había habido fotografías. Ni arte moderno. Desde la inauguración de la Casa Blanca en 1801, colgaban de sus muros pinturas de generales, retratos de George Washington o, en el mejor de los casos, obras de maestros clásicos.

Michael y los Obama pasaron mucho tiempo hablando sobre los jóvenes artistas estadounidenses, creadores que cambiaban el mundo a través del arte y que estaban destinados a convertirse en líderes del futuro. Estaban de acuerdo en que esos artistas debían tener un lugar en la Casa Blanca. De modo que Michael se dedicó a seleccionar piezas que, en la mayor parte de los casos, ni siquiera habían pasado por museos: arte callejero contemporáneo, obras de estilo moderno o candelabros a la última para los cuartos de las niñas. Mientras que ahí fuera Obama cambiaba Estados Unidos, ahí dentro Michael lo acompañaba a cambiar su pedacito de Estados Unidos.

Poco a poco, la amistad entre los Obama y Michael se fue estrechando. Y de manera natural, yo empecé a compartir con él algunas visitas a actos sociales. Sobre todo, recuerdo las fiestas. Las fiestas de cumpleaños de los Obama eran las mejores. Muchísima gente, música en vivo, luces espectaculares... Recuerdo una, creo que fue la primera, en la sala Este, con conciertos de Stevie Wonder, Mary J. Blige, Prince... Lo mejor de la música negra, el soul, el hip hop o el pop, en la Casa Blanca. El suelo temblaba. Janelle Monáe bailaba subida a una mesa, a punto de golpear un candelabro con su peinado. Recuerdo haber pensado entonces: «Nadie habría soñado que esto ocurriría aquí».

También convocaban a fiestas temáticas: una celebración de Broadway, una del rock & roll, otra de la Motown. Eso también constituía una acción social. Y ni siquiera la habían inventado ellos. Solo retomaban lo que antes habían hecho los Kennedy: celebrar las artes, porque las artes encarnan los sueños y los deseos de un país.

Las fiestas recibían muchas críticas en Washington. Ya se sabe: siempre hay alguien con algo malo que decir. Lo cierto es que, cuando se trataba de actos privados, como los cumpleaños, los

Obama los pagaban de su propio bolsillo. No le costaban un centavo al erario público. Y en todo caso, representaban un gesto de apertura a la sociedad. La casa del presidente es la casa de los estadounidenses.

Trump acabó con todo eso, por supuesto. En su primer año de mandato, ni siquiera asistió a los premios del Centro Kennedy, que se entregaron a artistas hispanos y afroamericanos como Gloria Estefan y Lionel Richie. Y no es que fuesen galardones sin importancia: George Clooney y Meryl Streep entregaban algunos de ellos porque el arte es el espacio que más ha unido a nuestra sociedad. Despreciarlo, como hace Trump, es despreciar una sociedad diversa y —esa palabra que a él le gusta tanto— fuerte.

Los Obama incluso tenían el detalle de recordar los cumpleaños de Michael. Aunque no con fiestas así, claro está. En uno de ellos, nos invitaron a Camp David, la residencia de descanso presidencial.

En realidad, Camp David no siempre se usa para descansar. Ahí se planificó la invasión de Normandía, se reunieron Jruschov y Eisenhower, y se sostuvieron numerosas conversaciones de paz entre Israel y Palestina. Pero para mí, ese lugar que ha visto pasar la historia de nuestro mundo tiene un significado personal especial, asociado a mi propio origen. Al llegar, no pude contener mi emoción y les dije a los guardias de seguridad:

—¿Saben? Mi padre sirvió aquí mismo, igual que ustedes.

Y me contestaron:

—Lo sabemos, señor. Hemos recibido el informe.

No me sorprendió. Todos los asistentes a las residencias presidenciales son previamente investigados. Pero cuando te investigan en la Casa Blanca, eres solo un invitado. Cuando te investigan en Camp David, ya eres un amigo.

Desde que mi relación con el presidente se volvió personal, mucha gente me ha preguntado: «¿Cómo son los Obama en realidad?».

Por lo general asumimos que las personas públicas son «en

realidad» de algún otro modo, que todas las personas notorias funcionan como actores e interpretan un papel distinto de su verdadera personalidad. Frecuentemente es así. Pero en el caso de los Obama, nunca he sabido qué responder a la pregunta, porque, simplemente, son como se ven.

Michelle dijo una vez: «La presidencia no cambia quién eres en realidad. Solo revela quién eres en realidad».

Donald Trump ha demostrado cuán sabias son esas palabras. La presidencia lo ha revelado como un fraude, incapaz de cumplir sus propias promesas electorales o de pensar en el bien del país, como prometió en la campaña. Y en este libro me interesa mostrar ese desfase entre sus palabras y sus hechos.

En cambio, no existe ninguna diferencia entre los Obama públicos y los Obama privados. Ninguna impostura. Parecen hechos de manera natural para su rol público. Son personas cien por cien auténticas, que actúan igual frente a las cámaras que fuera de ellas. Lo que ves es lo que hay.

Incluso si trato de pensar en un rasgo característico de ellos, no consigo dar con nada llamativo. Él juega a las cartas. Ella cuida de su familia y sus hijas. A ambos les gusta leer... Sobre todo, diría yo, les gusta tener una vida normal.

Durante su presidencia, Obama fue muy criticado porque abandonaba el despacho a las seis y media para cenar en familia. Sin embargo, por la noche volvía a trabajar. Lo que no quería era perderse el crecimiento de sus hijas durante años. Se enteraba de qué habían hecho en el colegio, cuáles eran sus tareas y qué platos no querían comer, como cualquier padre. Y si él se retrasaba, las niñas comían, como ocurre en cualquier casa. Porque los Obama sabían que su temporada en la Casa Blanca era solo eso: una temporada. Un día se terminaría. Y cuando eso ocurriese, ellos seguirían siendo lo que siempre habían sido: una familia.

Lejos de perjudicar al Gobierno, esa actitud le fue muy útil. Le permitía tener los pies en la tierra y ser consciente de su gran responsabilidad. Durante los ocho años que visité la Casa Blanca, nunca dejé de agradecer el privilegio de cruzar esas puertas ni de sentir la emoción del primer día: la vibración de formar parte de algo muy grande. Y lo mismo puedo decir de Obama. Él tampoco dio por sentado nunca que ese fuese su lugar. Solía decir: «Vivo aquí con mi familia, pero esta no es nuestra casa. Solo somos inquilinos».

Tuve la oportunidad de descubrir la extraordinaria calidad humana de este hombre al tiempo que conocía por la prensa su trabajo político: su vocación por la paz, su rechazo a la tortura y a la prepotencia, su empeño en dotar a los estadounidenses de una sanidad digna universal... Y, por supuesto, su actitud hacia el colectivo LGBTQ. Obama promovió iniciativas legales para que no se pudiese despedir a alguien por su orientación sexual. La más importante de ellas se refería ni más ni menos que a las Fuerzas Armadas.

Hasta la llegada de Obama, los militares empleaban la doctrina «No preguntes. No respondas», es decir, aceptaban la presencia de homosexuales entre sus filas siempre que no revelasen su orientación. Era una forma de discriminación terrible y abusiva, que obligaba a los miembros del colectivo a esconderse y avergonzarse si querían seguir una carrera militar.

El presidente acabó con esa horrenda costumbre mediante una ley en diciembre de 2010. Durante la firma, prometió: «Nuestro país no seguirá desperdiciando a miles de patriotas estadounidenses forzados a abandonar las Fuerzas Armadas (sin considerar su habilidad, su valor o su celo; sin importar sus años de servicio ejemplar), porque resulta que son gais. Nunca más, decenas de miles de uniformados estadounidenses serán forzados a vivir una mentira o mirados por encima del hombro por servir al país que aman».

Todo alrededor del presidente, desde su actitud familiar hasta sus valores para mi país, resultaba muy inspirador, innovador y lleno de energía positiva. Así que, conforme su primer Gobierno fue acercándose a su fin, decidí contribuir en todo lo posible para que tuviese otro más.

Pero ¿qué podía hacer? Yo nunca había sido un activista. Siempre había votado a los demócratas porque encarnaban mis valores y los de mi familia, pero jamás había militado en un partido, asistido a mítines o asumido un papel público. Más allá de manifestarle mi aprecio, yo no podía ofrecerle gran cosa al presidente.

O quizá sí.

Y es que, a veces, la vida te pone en bandeja el plato que tú no sabías cocinar.

La gran fiesta

A mediados de 2011, con miras a la campaña para la reelección de Obama, Michelle vino a California a dar algunos discursos públicos y a recaudar fondos. Como teníamos una relación cercana con ella, el equipo de campaña nos preguntó a Michael y a mí:

—¿Podríais acoger un evento de campaña para Michelle en vuestra casa? Significaría mucho para nosotros.

Aunque habíamos organizado cenas benéficas para algunas causas —museos de arte, amigos de los animales... ese tipo de cosas—, no teníamos experiencia en campañas, así que preguntamos:

—¿Qué queréis que hagamos exactamente?

—Lo más habitual es una cena con entrada pagada. Los billetes cuestan 35.000 dólares. Vosotros invitáis a todos vuestros amigos y el dinero se destina a la campaña electoral.

Casi nos caemos de espaldas ¡Era la reunión más cara del mundo! ¿Cómo podíamos invitar a la gente a una cena de 35.000 dólares? ¿Si no comes postre, pagas solo 25.000?

Pero queríamos ayudar. Solo teníamos que encontrar la manera adecuada.

Decidimos enfocarlo de otro modo: invitaríamos a Michelle a nuestra casa para decir: «Creemos en esta persona y en la presidencia que representa. Ella es nuestra amiga». Y daríamos una fiesta para que nuestros otros amigos pudiesen conocerla. Queríamos organizar un encuentro más personal que los de las campañas presidenciales. Y a ser posible... la mejor fiesta del mundo. Al fin y al cabo, teníamos que devolver muchas invitaciones inolvidables y el listón de la Casa Blanca estaba muy alto.

La mayoría de las veladas para recaudar fondos son, bueno, más bien horribles. La comida es mala, el ambiente es aburrido... La gente pone dinero porque llega ya convencida. Pero si alguien cae ahí por primera vez, después de esa experiencia, votará al oponente. Nosotros decidimos organizar una noche inolvidable, a la altura de la energía de los Obama.

El 13 de junio de 2011, siguiendo una agenda monitoreada al milímetro por el servicio secreto, Michelle Obama, sus hijas y su madre, la señora Robinson, llegaron a nuestra casa de Holmby Hills, en Los Ángeles. Era la primera vez que la recibíamos nosotros a ella y la esperamos, Michael y yo, en la puerta. Los demás invitados ya habían llegado y aguardaban en el jardín. Pero teníamos las cortinas cerradas y antes de presentarla nos tomamos quince minutos para enseñarle a Michelle nuestra casa.

Nuestra casa es la más moderna de un barrio con viejas residencias de estilo bastante clásico (la mansión de Playboy está a doscientos metros). La arquitectura, basada en bloques de hormigón, es tan original que la casa parece mutar cuando cambia el punto de vista del observador. En nuestro jardín caben quinientos invitados y el rumor de las fuentes de agua acompaña suavemente cualquier reunión. El interior es muy luminoso, con paredes blancas y obras de arte moderno, un piano y esculturas a juego con las del jardín.

Michelle se fijaba en cada detalle, con el genuino interés que siente por las personas a su alrededor:

—¿De quién es esta pintura? ¿De qué siglo es este biombo? —preguntaba.

Ella tenía que dar un discurso en el jardín, así que, antes del momento estelar, dedicamos un ratito a que se relajase y se refrescase en el bar del salón. Finalmente, se abrieron las cortinas y llegó la hora del show.

La casa lucía radiante. Michael la había llenado de flores y de comida deliciosa. Yo quería darle un toque festivo y llamativo a la noche, de modo que añadí una pincelada a la decoración: globos. Enormes. Rojos, blancos y azules. Era lo único que se veía estadounidense esa noche, y además quedaba divertido.

Michelle ofreció un gran discurso, poderoso y estimulante. Luego, mi amiga Virginia, una cantante que trabajaba conmigo en HBO, le dedicó una canción. Todo estuvo perfecto.

Llegaron 380 invitados, entre ellos Steven Spielberg, Jeffrey Katzenberg, Drew Barrymore, Ellen DeGeneres y los productores de los grandes estudios de Hollywood. Sí, había entradas de 35.000 dólares, pero también de 10.000, e incluso de 500, porque queríamos invitar y entusiasmar a gente joven, sobre todo a los artistas. Después de la canción, los invitados se repartieron por distintos salones según su entrada. Los que pagaron las caras tuvieron un poco más de tiempo para conversar y hacerse fotos con nuestra invitada, pero todos pudieron pasar un rato con ella.

Cada vez que presentábamos a Michelle a alguien, destacábamos nuestra amistad: «Este es *mi amigo* Michael Patrick King. Se dedica al cine»; o «Te presento a *mi amiga* Barbara Tfank, que es diseñadora». (Por cierto, después de eso, le pedirían a Barbara que diseñara algunos vestidos para Michelle.)

La gente asistió porque quería ver de cerca a Michelle, y también porque nos conocían y querían ayudarnos. Les habíamos hablado a todos de ella y de lo que representaba para nosotros. Así que, en cierto modo, estábamos presentando a nuestros amigos entre sí. Como era de esperar, todos quedaron enamorados de la sencillez y el carisma de la primera dama.

Michael suele decir que la fiesta costó muchísimo trabajo. Mi sensación es que fue increíblemente fácil, porque surgió del cariño y la sinceridad. Conocemos a mucha gente rica, pero no lo hicimos por dinero, sino por pasión. Y los invitados así lo sintieron. Al final, como nadie se quiso perder la fiesta, resultó ser una de las mayores recaudaciones de fondos para una primera dama en la historia.

El equipo de campaña, cuyo principal trabajo es conseguir dinero, volvió a llamarnos al día siguiente y nos dijo:

—¡Eh! Sois muy buenos en esto. ¿Podéis hacerlo de nuevo?

En campaña

Participamos en varios actos de campaña para las elecciones de 2012. A veces como anfitriones y otras, como miembros del comité. El comité es una especie de grupo de apoyo de un evento: en nuestro caso, coanfitriones por lo general conocidos, sobre todo provenientes del mundo del espectáculo o las finanzas. Los miembros del comité ayudan en lo que pueden, pero sobre todo figuran en la invitación. Cuanta más gente convoque a la fiesta, más gente deseará asistir.

Entre un acto y otro fui comprendiendo que yo no solo quería recaudar. Aspiraba a más. Deseaba cambiar la forma de pensar de las personas. Al final, en general, uno consigue dinero de los que ya están convencidos. Ningún republicano te va a dar 35.000 dólares para la campaña de Obama (aunque hay gente que hace aportaciones a ambos candidatos para ganar en cualquier caso, lo que en Estados Unidos llamamos «apostar a las dos caras de la moneda»).

En cualquier caso, me parecía importante ampliar la base demócrata, explicarles a las personas por qué creía yo que este hombre debía seguir siendo presidente. A diferencia de los derechos de los animales o la cultura, que son evidentes, en política debes explicar por qué prefieres una alternativa determinada. La gente quiere saber qué te inclina hacia uno u otro lado.

Por razones obvias, yo tenía buenos contactos en el colectivo LGBTQ, así que comprendí que mi aportación personal podía venir por ahí. En ese momento, las asociaciones y ciudadanos que se preocupaban por derechos civiles como el matrimonio gay acusaban a Obama de ser demasiado lento en sus reformas. No lo consideraban especialmente comprometido con nuestra causa. De hecho, Obama se había manifestado en contra del matrimonio gay. Y mis compañeros del colectivo pensaban que ni siquiera hablaba lo suficiente del tema.

Sin embargo, en privado, yo sabía de su simpatía. Me gusta pensar que incluso ayudé a fomentarla. A fin de cuentas, Michael y yo teníamos una relación personal con él. Él nos veía amarnos, convivir de manera natural, y de vez en cuando incluso nos veía discutir, como cualquier otra pareja.

No éramos los únicos gais en su equipo. En la primera mitad de su mandato, Obama ya había designado a ciento cincuenta homosexuales para cargos a su disposición. Más que Clinton y Bush juntos. Trabajar con nosotros contribuyó a normalizar ante los ojos del presidente a un grupo social que hasta entonces no había frecuentado especialmente. Como ya he dicho, él siente un gran aprecio por la familia. Percibir que también nosotros formábamos familias con amor y respeto hizo que sintiera que no éramos tan diferentes. Y en repetidas ocasiones me transmitió su intención de traducir esa simpatía en políticas concretas.

Escribí una carta en la que pedía el voto para Obama. Ofrecí mi palabra de que los homosexuales estábamos en sus planes porque él me lo había dado a entender en privado. Lo respaldé política y personalmente. Y envié la carta por correo electrónico a cincuenta amigos a los que consideraba sensibles al tema para pedir no solo su voto, sino su apoyo económico.

Dos semanas después, me llamaron de la campaña. Estaban exaltadísimos:

—¿Qué has hecho?

—No lo sé. ¿Qué he hecho?

—Has conseguido mucho mucho dinero.

La campaña me había creado un enlace web personal que yo colocaba al final de cada carta. Las donaciones se realizaban con tarjeta de crédito a través de ese enlace. Así, se podía saber cuántas de ellas provenían de mi influencia. Normalmente, uno escribe muchas solicitudes y recibe pocas respuestas. Pero en mi caso, el porcentaje había desbordado las previsiones. La mitad de mis destinatarios había hecho aportaciones monetarias.

—¿Qué les dijiste? —siguieron preguntando desde el equipo de campaña.

—Solo fui auténtico. Dije lo que sentía, lo que Obama me había dicho a mí, y aseguré que le creía. Es decir, dije la verdad.

—¡Genial! ¿Puedes escribir otra carta?

Los equipos de campaña son insaciables, porque cada pequeño aporte suma. Nunca es suficiente puesto que siempre, al final, es posible perder por un solo voto. Así que respondí:

—Puedo, pero no tengo tanta gente a quien enviársela.

—Nosotros te daremos otros cincuenta nombres.

Los equipos de campaña también están llenos de trucos. Yo aún tenía mis dudas:

—No quiero estar enviando cartas por sorteo a gente que no me conoce. La credibilidad solo funciona con las personas que confían en uno.

—Pero tu estilo es importante. Es tu manera de escribir la que los convence.

Los equipos de campaña pueden ser muy persuasivos. Es lo que tiene dedicarse a ello.

—Hagamos una cosa —propuse—: yo escribo la carta, pero la mandáis vosotros.

—No podemos. Porque tú no formas parte de la campaña oficialmente. Eres un ciudadano *privado*. No estamos autorizados a obrar en tu representación.

—OK, dadme esos nombres.

Así que me puse con otras cincuenta cartas, esta vez para personas que no conocía, pegando nombres diferentes en cada encabezamiento y tratando de personalizar cada texto con algún detalle. Y luego vinieron otras cincuenta. Y otras más, que iba actualizando progresivamente con información que me proporcionaba el presidente cuando nos encontrábamos en algún acto.

Como no podía ser de otro modo, el presidente cumplió. En mayo de 2012 convocó a la periodista Robin Roberts, de *ABC News*, para una entrevista televisada desde la Casa Blanca, justo frente a la escultura de mármol de Benjamin Franklin. La primera pregunta fue la siguiente:

—Presidente, ¿aún se opone usted al matrimonio entre personas del mismo sexo?

Y la respuesta se grabará en la historia con letras doradas:

Mi opinión al respecto ha ido evolucionando. Siempre he sido un firme defensor de que gais y lesbianas deben ser tratados con justicia e igualdad. Pero albergaba dudas sobre el matrimonio gay porque pensaba que las uniones civiles bastarían para garantizar a las parejas del mismo sexo derechos básicos, como la visita en hospitales u otros. Por otra parte, siempre he sido sensible a las personas —muchas— para quienes la palabra «matrimonio» evoca tradiciones muy fuertes y creencias religiosas. Sin embargo, en el curso de los años he ido hablando con amigos, parientes y vecinos homosexuales. Pienso en miembros de mi propio equipo increíblemente comprometidos en relaciones monógamas o que crían a niños juntos. O en soldados, pilotos o marinos, que luchan bajo mis órdenes, pero se sienten limitados —aunque ya no exista el «No preguntes. No respondas»— por no poder unirse en matrimonio. Después de mucha reflexión, he concluido que, para mí, personalmente, es importante dar un paso adelante y afirmar que las personas del mismo sexo deben tener el derecho de casarse.

Con esas declaraciones, él probó la sinceridad de sus palabras y yo vi recompensada mi confianza.

Mientras Obama evolucionaba en su posición hacia el siglo XXI, su rival republicano Mitt Romney retrocedía hasta el XIX. Romney era un mormón muy conservador y defensor de la familia tradicional como modelo único. En 2003, cuando el Tribunal Supremo de mi estado, Massachusetts, abrió la puerta al matrimonio gay, Romney había apoyado una enmienda constitucional para impedirlo. En las primarias republicanas de 2008 se había vanagloriado de luchar contra el matrimonio gay «de todas las formas que he podido, y la lucha continúa». Y después de las declaraciones del presidente en ABC, Romney se reafirmó varias veces: «Creo que el matrimonio es esencialmente la unión entre un hombre y una mujer», «Estaremos mejor si estimulamos la formación de hogares con una madre y un padre», o «El matrimonio igualitario no es apropiado ni necesario para una sociedad fuerte».

¿Qué sabía él? ¿Conocía a gais? ¿Había pisado alguno de nuestros hogares alguna vez? ¿Por qué nuestra infelicidad era necesaria para una sociedad fuerte?

Gracias al candidato republicano, mi opción política dejó de ser solo una cuestión de admiración por el presidente y se convirtió en una necesidad de supervivencia. Mis derechos como homosexual —el derecho a tener una pareja reconocida por la sociedad, a expresar libremente quién soy, el derecho a ser feliz, en suma— estaban en juego.

Redoblé mi compromiso con la campaña. Escribí más cartas. La mayoría de ellas eran demasiado largas y no puedo citarlas enteras, pero, para dar una idea del tono, quiero mostrar algunos párrafos de la que envié el 6 de octubre de 2012, después del primer debate presidencial entre Obama y Romney:

¿También echas humo?

Yo echo más humo que nunca. Romney fue deshonesto y mintió a los estadounidenses sobre sus planes. También admitió que solo buscaba la FELICIDAD para un SELECTO grupo de personas. Yo soy estadounidense, soy empresario, soy un orgulloso voluntario de la campaña de Obama y sé que el plan del presidente armoniza mis derechos como miembro de la comunidad LGBTQ con una estrategia para que nuestra economía siga adelante. Como persona LGBTQ, tengo claro que Romney no busca mi felicidad.

Es increíble —y muy triste— ver a compañeros LGBTQ apoyando a Romney con el argumento de que la economía va primero. No comprenden que, sin un presidente que defienda firmemente la igualdad de derechos, ellos nunca tendrán un lugar en el mundo que defienden Mitt Romney, Anne Romney, Paul Ryan y todo el Partido Republicano.

Estuve con la primera dama durante su reciente discurso para la Human Rights Campaign/Fondos para la Victoria. Allí, ella aseguró que el presidente cuenta con nosotros, aseguró que no nos olvidaría, me miró a los ojos y dijo: «No queda otra opción». También acompañé al presidente a un acto meses antes de que hiciese público su apoyo al matrimonio igualitario. Cuando le pregunté por su posición sobre ese tema y sobre la política militar de «No preguntes. No respondas», me miró a los ojos y dijo: «Espera y verás». ¡Esperé y vi lo que hizo!

Así que, si eres LGBTQ o defiendes al colectivo LGBTQ o tienes un pariente, hijo, madre, padre o amigo LGBTQ y te importa el futuro de nuestro país, por favor, usa el enlace que adjunto aquí abajo para hacer una contribución hoy mismo. ¡Todo lo que aportes le hará saber al presidente Obama que tiene tu apoyo!

Llegado cierto punto, yo estaba entregado en cuerpo y alma a la política. Y, sin embargo, aún quería hacer más.

Tuve que pedirles una excedencia a mis jefes en HBO para dedicarme a tiempo completo a la campaña. Ellos eran conscientes de mi relación con el presidente y aceptaron concederme unas vacaciones, siempre que las pagase de mi bolsillo. Y por supuesto que iba a hacerlo. He tenido suerte en la vida. No me faltaba de nada. El dinero, en estas circunstancias, era un detalle grosero.

Para la recta final de la campaña, me desplacé a Florida y me puse a llamar a las puertas. Literalmente. Y no me refiero a las puertas de estrellas de cine y empresarios. Solo puertas. De la calle.

¿Por qué la calle? ¿Por qué Florida?

Para entenderlo, hay que conocer el sistema electoral de Estados Unidos: en mi país, la mayoría de los votantes no da la victoria de por sí. En 2016, Trump ganó con menos papeletas que Hillary Clinton. Lo decisivo es ganar la mayor cantidad de circunscripciones o las circunscripciones más pobladas. Triunfa quien alcanza 270 de los 538 votos del colegio electoral que se adjudican a cada estado según su cantidad de congresistas.

En las elecciones del año 2000, el demócrata Al Gore había conseguido el 48,38 por ciento de los votos a nivel nacional. George Bush, solo el 47,87 por ciento. Sin embargo, tras un polémico recuento de papeletas ordenado por un polémico Tribunal Supremo, el republicano obtuvo 537 más en Florida. Solo 537 papeletas de los seis millones de emitidas. Y con esa diferencia mínima, se llevó los 25 votos de la circunscripción, sumó 271 en el colegio electoral y llegó a la Casa Blanca.

Los demócratas estaban decididos a que eso no volviese a ocurrir. Y con ese fin habían desplegado una organización estratégica en todo el estado. La campaña tenía una oficina en cada barrio. Bueno, no una oficina: un escritorio en un garaje desde el cual activaban la publicidad boca a boca. Hablando en plata: nos daban a los voluntarios un mapa, una tabla para escribir y una lista de treinta desconocidos a los que debíamos visitar cada día.

Y ahí iba yo:

—Hola, soy James Costos y vengo a hablarte del candidato a la presidencia Barack Obama.

Las respuestas de la gente eran muy variadas:

—¡Fuera de mi casa!

O:

—¡Gracias a Dios!

O:

—¿Por qué tendría que votar a ese? ¿Qué ha hecho?

Si me lo permitían, yo les hablaba del presidente. Ellos me planteaban sus dudas. Yo intentaba solucionarlas. Faltaban apenas unos días para las elecciones. Si veía receptivo al dueño o dueña de la casa, le entregaba un pequeño mapa:

—Aquí está tu colegio electoral. ¿Me prometes que irás a votar?

—Sí.

—Aquí está mi teléfono. Si tienes cualquier duda de última hora, me llamas y lo hablamos.

—Gracias.

—Si no consigues ir a votar o te pierdes en el camino, llámame y mandaré a alguien a buscarte para que puedas llegar.

—OK.

—Si eres muy mayor o tienes una discapacidad, mandaré a alguien que te ayude a votar.

—Bien.

A algunos, los llamé el día de las elecciones para recordárselo: «¡No olvides que tienes que ir a votar!».

Visité a cientos de personas durante esos días. La conexión personal es lo más importante en una campaña. La gente debe saber que los candidatos son de carne y hueso, y sentir una conexión humana con ellos. Además, dados los antecedentes de Florida, había que rascar hasta el último voto posible.

Puede parecer extraño que yo haya pasado de organizar fiestas para Hollywood a pregonar puerta a puerta como un testigo de Jehová. Pero eso es lo que haces en una democracia: participas. Te involucras con la comunidad. A fin de cuentas, a mi alrededor, en Nueva York o Los Ángeles, casi todo el mundo pensaba como yo. Todos iban a votar a los demócratas. El dinero que nosotros ofrecíamos a la campaña era precisamente para financiar visitas a gente como la de Florida, Iowa o Michigan, que aún no tenía decidido su voto. No todo el mundo sigue las noticias. No todo el mundo se mantiene informado. A los que no, alguien tiene que ir a decirles por qué tiene sentido este presidente. Por qué les conviene.

De niño, en Lowell, Massachusetts, yo había realizado algunos trabajos comunitarios, así que no era la primera vez que salía a la calle. Solo que esta vez, el objetivo era salvar los derechos civiles. De eso se trata nuestro sistema. Hay gente que no participa, ni siquiera vota, y luego quiere quejarse. No funciona así. Si quieres que la sociedad mejore, trabajas para ello. Y el trabajo es hablar con todas las personas que puedas, porque la sociedad son ellos. No podía permitirme despertar al día siguiente de las elecciones deprimido por una derrota y pensando: «Podría haber ayudado más».

Y no tuve que hacerlo.

Un honor inesperado

En su segundo discurso inaugural, Obama reconoció la lucha por los derechos LGBTQ. Era el primer presidente que lo hacía en la historia:

> Nosotros, el pueblo, declaramos hoy que la más evidente de las verdades —que todos somos creados iguales— es la estrella que aún nos guía. Como guio a nuestros antepasados en Seneca Falls, Selma y Stonewall; como guio a los hombres y mujeres —algunos recordados, otros olvidados— que dejaron sus huellas en esta gran alameda para escuchar a un hombre predicar que no podemos caminar solos; para escuchar a King proclamar que nuestra libertad individual es indesligable de la libertad de todas las almas sobre la tierra. La tarea de nuestra generación es continuar lo que esos pioneros comenzaron. Nuestro viaje no estará completo hasta que nuestras esposas, madres e hijas reciban una remuneración justa por sus esfuerzos. Nuestro viaje no estará completo hasta que nuestros hermanos y hermanas gais sean tratados como todos los que viven bajo nuestra ley. Porque si fuimos creados iguales, debemos amarnos por igual.

Las referencias de su discurso habían sido cuidadosamente seleccionadas. Seneca Falls fue el lugar de un mitin de 1848 que reunió a unas trescientas personas del norte de Nueva York. Se trataba, sobre todo, de mujeres que habían militado contra el esclavismo y habían terminado por descubrir que ellas mismas tampoco eran libres. Casi no accedían a la educación o el trabajo, y al casarse, entregaban a los hombres sus derechos, sus propiedades y su vida entera. En ese mitin se planteó la primera hoja de ruta por los derechos de las mujeres. Tardaron setenta y dos años en ganarse el derecho al voto.

En Selma, Alabama, comenzó una marcha por los derechos de los afroamericanos en 1965. La policía cargó contra los manifestantes violentamente, con gases lacrimógenos y guardias montados. Las imágenes de la represión se transmitieron por televisión y la indignación extendió la protesta a todo el país. Ocho días después, el presidente Lyndon B. Johnson presentaría la ley de derecho al voto.

Y el Stonewall Inn era un bar gay de Greenwich Village, Manhattan. Nada político. En realidad, un antro de mala muerte, probablemente regentado por la mafia y frecuentado por travestis y prostitutas. La mañana del 28 de junio de 1969, la policía hizo una redada, como siempre, a garrotazos e insultos contra esa gente a la que despreciaba. Pero ese día, por alguna razón, los clientes del bar decidieron que estaban hartos del hostigamiento. Ellos tenían tanta dignidad como cualquier otro ser humano. Y respondieron. Echaron a los policías a botellazos y continuaron resistiendo durante días. En las semanas siguientes se formaron en el barrio las primeras asociaciones de gais. Un año más tarde, el 28 de junio de 1970, se celebró el primer desfile del orgullo gay, y hasta hoy se sigue celebrando en la misma fecha.

La pequeña rebelión del Stonewall inauguró la lucha por los derechos LGBTQ. Y con sus palabras, Obama la reconocía como un hito a la altura de los reclamos sociales de las mujeres y los afroamericanos.

En cuanto al matrimonio gay en concreto, evidentemente, la decisión final correspondía al Tribunal Supremo. Sin embargo, el hombre más poderoso del país se había manifestado como nuestro aliado. Había llegado el líder que necesitábamos para pelear a nuestro lado, porque él representaba a la mayoría de los estadounidenses. Si él nos apoyaba, el país nos apoyaba.

Es increíble echar hoy la vista atrás y constatar hasta qué punto el nuevo presidente ha retrasado el reloj de nuestra historia. La filosofía de Donald Trump es «devolver» a la gente «normal» —entendida como gente blanca y heterosexual— los derechos, incluso los trabajos que supuestamente les hemos quitado los demás: los afroamericanos, los latinos, los homosexuales. Cómo echamos de menos una voz que hable por nosotros, que recuerde que también somos Estados Unidos.

Como he comentado anteriormente, otra de las características de Trump es que nunca ha hecho política antes de la campaña presidencial. Y, por lo tanto, carece de un equipo de confianza para gobernar. Se rodea de hijas y yernos, y empresarios que le caen bien, pero nadie a su alrededor ha hecho una carrera en esto. Tampoco tiene tiempo de granjearse lealtades en la Administración, pues él viene de otro mundo y, cuando deje de gobernar, volverá a irse. Debido a esa falta de equipo, su presidencia se sume en el caos un día sí y otro también.

En cambio, cuando Obama llegó al poder, como todo presidente serio, llevaba consigo a una legión de colaboradores políticos. Desde los inicios de su carrera como organizador comunitario en Chicago hasta su etapa como senador, había ido conociendo a miles de especialistas en todos los ámbitos, gente de su confianza y de capacidad contrastada. Toda esa gente tenía lugares reservados en su Administración, en el Gabinete, en un ministerio o en cualquiera de los cuatro mil puestos que quedan a discreción del presidente.

Yo no era una de esas personas. No esperaba serlo. Mientras escribía cartas y llamaba a las puertas en la campaña, solo quería que él siguiese liderando mi país. Ni siquiera había formado parte de la campaña de modo oficial, sino solo como colaborador *ad honorem*. No creía que él tuviese nada pensado para mí. Ni lo pedí.

Conforme se acercaban las elecciones, todos habíamos empezado a sentir que él ganaría. Estaba en el aire. En todos los comicios, por lo que me han dicho, se suele percibir la vibración de la victoria antes de que llegue. Y, por lo tanto, mucha gente empezó a albergar esperanzas de conseguir algún puesto en la nueva Administración. En el equipo de campaña, era el único tema de conversación:

—Y tú ¿qué harás cuando ganemos?

Yo solo podía responder:

—Voy a regresar a HBO, abrir la puerta del despacho y decirle a mi equipo: «Estamos a salvo. Él sigue en la Casa Blanca. Volvemos al trabajo».

Las elecciones se celebraron el 6 de noviembre de 2012. Y yo, efectivamente, volví a HBO. Para mi sorpresa, a partir de entonces, se inició un rumor a mi alrededor. Alrededor del día de Acción de Gracias —justo cuatro años después de aquel en el que Michael había recibido la primera llamada de la Casa Blanca—, personas cercanas a Obama me comentaron con cierta insistencia:

—El presidente quiere llamarte para agradecer tu apoyo... Y parece que también te pedirá algo.

Cuando los presidentes quieren agradecerte algo, por lo general, te colocan en la plantilla de alguna fundación pública, como el Kennedy Center que he mencionado anteriormente, por ejemplo. Es el tipo de puesto que te da prestigio —es el mejor centro del mundo para las artes escénicas— y suena razonable para alguien de mi experiencia. Sin embargo, yo no me atrevía a adivinar nada. No tenía expectativas.

Más adelante, me llamaron del Despacho Oval:

—Señor Costos, el presidente ha estado muy ocupado, pero va a llamarlo uno de estos días para darle las gracias y conversar con usted.

—Vale, gracias.

Ninguna llamada llegó después.

Finalmente, el 15 de marzo de 2013 a las 15.00, me sonó el móvil mientras trabajaba en mi despacho. En la pantalla apareció «Número desconocido». Cuando contesté, alguien dijo:

—Aquí el *Air Force One*. Manténgase en línea para hablar con la señora Jarrett.

El *Air Force One* es el avión presidencial, el de la película en la que Harrison Ford es el presidente y salva al mundo. Obama lo usaba con menos dramatismo que Harrison Ford. En ese momento, volvía de dar un discurso sobre energía en Chicago. Aun así, imponía mucho recibir una llamada desde allí.

En cuanto a Valerie Jarrett, encarnaba otro de esos ejemplos de personas de éxito en el sector privado con vocación de servicio público tan habituales en el círculo de los Obama. Había nacido en Irán, hija de médicos estadounidenses que trabajaban como cooperantes. Asistió a Stanford y se dedicó a los bienes raíces, pero cuando nació su hija decidió hacer algo que la hiciese sentir orgullosa y entró a trabajar con el alcalde de Chicago. Fue ella quien sacó a Michelle de su bufete de abogados para llevarla a trabajar en la alcaldía por la época en la que comenzaba a salir con el futuro presidente. Con el tiempo, Valerie se convirtió en una de las consejeras más cercanas y longevas de la Administración Obama.

—Hola, James.

Yo traté de no parecer demasiado ansioso:

—¡Hola! Vi lo del discurso en Chicago. ¿Cómo os fue?

—Genial. Pero te llamo por otra cosa. Estoy con el presidente. Él me ha pedido que te llame. Quiero que sepas que él y la primera dama os consideran a Michael y a ti grandes amigos. Y que todos estamos muy felices por vosotros. Ahora te hablará él.

—Hola, James —sonó la voz segura y cordial del presidente.

—Hola. ¿Cómo están Michelle y las niñas?

Los presidentes no tienen mucho tiempo para decir tonterías por teléfono, así que fue al grano:

—¿Sabes por qué te llamo?

—No tengo ni idea.

A grandes rasgos, me dijo que quería agradecerme mi apoyo a su reelección. Y terminó:

—Quiero que seas mi embajador. Serías un extraordinario diplomático y un representante muy digno de este país.

Yo dije gracias y me quedé en silencio porque no tenía idea de qué responder. Era un momento extraño e inesperado. Solo después de unos segundos comprendí que debía mostrar algún tipo de entusiasmo:

—¡Es un honor! No lo esperaba. No tengo palabras.

—Genial. Ahora va a hablarte Valerie. ¡Adiós!

—¡Hola, James! —me dijo al teléfono—. ¿Estás contento?

—¡Claro que estoy contento! Es solo que no sé qué hacer.

—Bueno, a partir de ahora, tu vida va a cambiar. Nosotros estamos aterrizando en Washington y tengo que colgar, pero mañana recibirás una llamada de la Oficina de Designaciones del Presidente. Ellos te irán dando los detalles.

Inmediatamente después de colgar, llamé a Michael, que estaba cenando en Londres en ese momento:

—Me ha llamado el presidente. Quiere nombrarme embajador.

Nunca olvidaré su primera pregunta. Ni mi respuesta:

—¿Dónde?

—No lo sé. No me lo ha dicho.

Mi vida con el FBI

Estados Unidos tiene unos doscientos embajadores por el mundo, de los cuales, más o menos ciento sesenta son designados por el Gobierno de turno. La Secretaría de Estado —con Hillary Clinton al frente en 2013— nombra a la mayoría de ellos entre profesionales con mucha experiencia: gente que ha estudiado relaciones internacionales en universidades como Georgetown, que ha trabajado en diversas legaciones diplomáticas como consejeros políticos o económicos, o que ha vuelto a Washington y ha ido ascendiendo en la carrera. Quedan alrededor de cuarenta plazas que el presidente distribuye entre sus consejeros, principalmente para representarlo a él de un modo más personal en países europeos.

Los requisitos para estos embajadores son compartir los valores que la presidencia representa, actuar como ciudadanos respetables y, sobre todo, apreciar el país que los recibe, porque ese país debe aprobarlos: hace falta pedir permiso para enviar un representante diplomático a cualquier lugar.

Obama sabía que Michael y yo adorábamos España. Habíamos pasado los veranos en Mallorca durante muchos años y teníamos una gran relación con el país.

España había legalizado el matrimonio entre personas del mismo sexo en 2005 (¡el tercer país del mundo en hacerlo!), pero, en contra de lo que mucha gente cree, eso no tuvo nada que ver con mi nombramiento. Un presidente no tiene tiempo de ocuparse de detalles tan pequeños. En todo caso, ese análisis ocurre en otro nivel. Aunque gente como Donald Trump se atribuya todos los méritos a título individual, los presidentes —y la gente importante en general— tienen a cientos de personas trabajando para asentar sus decisiones. Sin duda, si el país hubiese sido Irán o Arabia Saudí, donde la homosexualidad es ilegal, el equipo que estudió mi trayectoria habría advertido que resultaba inconveniente enviarme a mí. En el caso de España —y Andorra, ya que el embajador siempre es el mismo para ambos países—, simplemente, no había problema. Tampoco especiales beneficios. Mi orientación sexual no era relevante.

A partir de entonces comenzó el proceso de estudiar mi viabilidad para el cargo. Como ya había hecho Michael, tuve que pasar el escáner del FBI, con un plus de seguridad por tratarse de un cargo en el extranjero.

El cuestionario electrónico del FBI empieza con la advertencia: «Si usted responde las siguientes preguntas de manera incompleta o falsa puede ser objeto de acciones contra su persona, incluyendo la pérdida de empleo. Las respuestas sinceras a las preguntas de las secciones 23, 27 y 29, o la información derivada de ellas, no podrá utilizarse como prueba en su contra en procesos criminales».

Alentador, ¿verdad?

A continuación vienen setenta páginas de preguntas. Tienes que especificar las direcciones donde hayas vivido y ofrecer nombres de testigos de cada lugar con su correo electrónico o teléfono para que puedan localizarlos; tus centros de estudio y trabajo (con los correos de tus compañeros y jefes); las razones por las que cambiaste de trabajo; la lista de tus parientes con sus edades y direcciones, y la de los amigos extranjeros que hayas tenido en los últimos siete años, indicando la naturaleza y frecuencia de la relación; los intereses financieros que tengas fuera de Estados Unidos; las charlas que hayas ofrecido en otros países; los funcionarios extranjeros con los que hayas tenido contacto, aunque sea para pedir un visado para tus vacaciones; las personas que conociste durante esas vacaciones y qué tipo de conversaciones mantuviste con ellas; los psicólogos que hayas consultado, a menos que sea por motivos de estrés postraumático debido a tu participación en una guerra; las drogas que hayas probado; las órdenes de alejamiento que te hayan interpuesto; tus problemas con Hacienda; los préstamos que te hayan denegado; las asociaciones políticas de las que formes parte; y una pregunta específica relativa a los actos terroristas que hayas perpetrado, si es el caso. Tienes dos semanas para rellenar el cuestionario. Yo casi agoté el plazo.

Este es el formulario en el que Jared Kushner, yerno del presidente Trump, hizo trampa. Porque no hay formulario específico para yernos. Desde su posición anómala, Kushner autorizó contactos del consejero nacional de Seguridad con el Gobierno ruso, abriendo una brecha de información y desencadenando uno de los mayores escándalos de la presente Administración. He aquí otra consecuencia de la falta de experiencia del equipo que asesora al presidente: su gente actúa sin control.

Si hubiese rellenado el formulario a conciencia, Kushner no sería tan peligroso. Lo que declares ahí se usa para formar una red de seguridad a tu alrededor. Los agentes llaman a las personas que has mencionado y contrastan tus informaciones. Así lo hicieron con mis amigos y vecinos:

—Buenos días, somos del FBI y queremos hacerle unas preguntas sobre James Costos. ¿Lo conoce usted? ¿Lo ha visto hacer algo ilegal? ¿Lo ha visto entregar secretos de Estado a otros países? ¿Lo ha visto hacer algo inapropiado, como tomar drogas o emborracharse en público?

Y después de todo eso, preguntan:

—¿Con quién estaba el señor Costos la última vez que usted lo vio? ¿Puede proporcionarnos los datos de contacto de esa persona?

Y llaman a esa nueva persona para someterla al mismo interrogatorio, con lo cual terminan hablando con tus conocidos y con los conocidos de tus conocidos.

Durante mi proceso, el presidente de HBO, Richard Plepler, mi jefe, me citó un día en su despacho con cara de preocupación:

—James, el FBI te está investigando. Me han llamado para hacerme muchas preguntas sobre ti. ¿Te has metido en un lío?

Yo tuve que contestar:

—¡No! Es algo bueno. No puedo decirte qué, pero no te inquietes: puedes responder a todo lo que te pregunten.

En esta etapa, tu nombramiento aún es confidencial. Y tú tampoco estás autorizado a revelárselo a terceros. Michael y mi familia lo sabían, claro, pero, aunque yo hubiese podido, no quería comentárselo a nadie más. Y es que, en estas cosas, nada es seguro. Que te llamen no significa que terminen nombrándote. El proceso es largo. Y puede torcerse en cualquier punto.

Tampoco puedes advertir a tus amigos de que el FBI va a hacerles una llamada. Porque lo primero que preguntan los agentes es «¿Le ha comunicado el señor Costos que recibiría esta llamada?».

Si tu amigo dice que sí, la información que revele queda bajo sospecha. Si dice que no, está mintiendo a las autoridades federales. No puedes ponerlos en esa situación.

Después de muchas muchas llamadas de amigos preocupados y un creciente rumor sobre que yo me había metido en un lío muy gordo, tuve que llamar al FBI y preguntar:

—¿Seguirán mucho tiempo con esas llamadas que hacen? Realmente, son muy incómodas.

Lo cual, por supuesto, no alteró en nada los procedimientos.

Una vez recogida toda esa información, el FBI te llama para una entrevista personal en la que vuelven a preguntarte todas las cuestiones del formulario. Es una sesión muy larga y con un tono muy serio, con la que pretenden ver si te contradices contigo mismo o con alguna de las fuentes. De la mía, recuerdo especialmente uno de los últimos momentos, para ser precisos la sección 27, referida al uso de sistemas tecnológicos de información. Mi interrogador me preguntó con el mismo tono monocorde de un texto escrito:

—Durante los últimos siete años, ¿ha modificado, destruido, manipulado o denegado a terceros de manera ilícita o no autorizada información registrada en cualquier sistema tecnológico de información? Y si no, ¿ha intentado alguna de esas acciones?

Yo traté de introducir un poco de humor en esa soporífera conversación:

—Una vez, me enfadé con mi móvil porque iba fatal. Lo estampé contra la pared. Se hizo pedazos.

—No tiene gracia —fue su única respuesta.

Hasta ahora, sospecho que ese agente sí que era un sistema tecnológico de información: un robot.

El único momento incómodo de la entrevista fue la revisión de viajes al extranjero. Siempre he viajado mucho, así que ya entonces tenía dos pasaportes llenos de sellos. El agente los revisó página por página, comparándolos con la lista de viajes al extranjero que yo había escrito en el formulario. En cierto momento, se quedó mirando uno de los sellos y me dijo:

—Fue usted a Colombia.

—Ah, sí. Cartagena, Colombia. Muy bonito.

—No está en la lista.

Oh, no. Problemas.

—Oh, quizá se me pasó ese sello...

—¿Por qué ha ocultado a las autoridades un viaje a Colombia?

—¡No lo oculté! No vi el sello. O no lo entendí. ¿Quién diablos entiende los sellos de los pasaportes?

—¿Con quién viajó?

—Con mi pareja, Michael Smith. Y con Nina García.

—¿Quién es esa?

—Una periodista de moda. Editora de *Elle* en esa época. Jurado de *Project Runway*, un *reality show*. ¡Es una *celebrity*!

—Nosotros no conocemos *celebrities.*

Ya. Qué sorpresa.

—Ella nació en Colombia. Nos invitó a pasar unos días en la playa con su esposo y su hijo, y...

—¿Puede darme el teléfono de Nina García?

Estaba claro que ese hombre hacía muy bien su trabajo. Pero no se había divertido jamás en la vida. Pero, por Dios, ¿quién diablos entiende los sellos de los pasaportes?

A partir de la entrevista, en caso de no hallar incongruencias, los agentes sacan conclusiones y trazan sus baremos. Por ejemplo: «Cincuenta personas nunca han visto borracho a James. Dos personas, sí: una el día de su cumpleaños y otra, cuando se graduó en la universidad. No consideramos que el alcoholismo sea un riesgo potencial que pueda dañar la imagen de Estados Unidos».

No existen cruces rojas en ningún caso. Nada te inhabilita *a priori* para ser embajador. El FBI se limita a llamar la atención sobre tus puntos débiles y fuertes. A partir de ahí, formula una recomendación para que el presidente tome la decisión final. Obama, además, añadía una lista de veinte preguntas extras sobre tus (sus) principios éticos. Quería asegurarse de que sus representantes tuviesen un listón moral muy alto, incluso más allá de lo que el Congreso considera necesario para confirmarte en el cargo. En la lista de Obama, las preguntas sonaban más personales:

—¿Alguna vez has avergonzado a alguien?

Y también podían recoger aspectos positivos:

—¿Alguna vez has hecho algo bueno por los demás que NO tenías que hacer?

Se me hizo muy extraño repasar mi pasado en esos términos y sentirme como un sospechoso.

Debo admitir, sin embargo, que recopilar mi pasado para el FBI tuvo un efecto inesperado y fascinante: revisar mi vida y mis relaciones personales hasta ese momento me dio ocasión de estudiar mi trayectoria en perspectiva. Todas las decisiones que había ido tomando, sin pensar, sobre mi carrera y amistades, incluso las más insospechadas, me habían llevado a donde estaba en ese momento.

Es increíble lo poco conscientes que somos mientras caminamos de que vamos dibujando un camino. O, como dijo John Lennon: «La vida es eso que pasa mientras estás ocupado haciendo otros planes».

El reparador de ventiladores

Yo nací por error. En mi casa ya había dos niñas grandes —la menor de ellas, de siete años— y nadie esperaba más. Pero llegué.

La mía era la típica familia estadounidense de clase media, demócrata de corazón, pero no políticamente activa. Mi padre ni siquiera habría tenido tiempo de militar en ninguna parte. Recibió formación técnica con los marines y a partir de entonces trabajó sin parar. Salía de casa muy temprano y volvía para cenar. Los fines de semana, jugaba al golf. Apenas lo veíamos. Mi madre se ocupaba de nosotros.

Como certifica mi ficha del FBI, vivíamos en Lowell, una comunidad obrera del estado de Massachusetts, cuna de nuestra revolución industrial. Hace poco busqué en internet qué personajes importantes habían nacido en mi pueblo natal. Aparecía gente como Jack Kerouac, Bette Davis y, en la misma lista, yo. Quiero decir que es un lugar con poca gente famosa.

Cuando yo era chico, el gran logro de Lowell fue ser declarada patrimonio histórico del país. Eso representaba una gran victoria: recibiríamos más turismo, se invertiría en las carreteras y se restauraría la arquitectura victoriana, que hasta entonces estaba muy abandonada. Yo me hice voluntario en la Comisión de Patrimonio de la Cámara de Comercio. Ni siquiera recuerdo qué hice exactamente. Solo que mi primera ocupación tuvo que ver con el compromiso cívico: quería ayudar a mejorar la comunidad.

Aparte de eso, desde que alcancé la edad para trabajar, me metí en todo tipo de empleos que diesen algo de dinero. Mis padres me mantenían, claro, pero no me daban nada más que lo necesario. Para cubrir mis gastos, fui cajero de supermercado, reponedor de almacén o lavacoches. No tenía planes muy específicos para el futuro. En mi familia, nadie había ido a la universidad.

En ese momento, mi mayor ambición educativa era entrar en la escuela de oficios. Habían construido en el pueblo una preciosa escuela de secundaria técnica profesional, con gimnasio e instalaciones modernas, de la que uno salía preparado como electricista, fontanero o muchos otros oficios. Mi padre hizo un estudio de mercado y concluyó que en Lowell todo el mundo tenía aire acondicionado o calefacción. Aprender a reparar sistemas de aire acondicionado me aseguraría un trabajo de por vida.

El destino —o más bien, la movilidad social— me llevaría por otro lado: en esa época, a mi padre le iba bastante bien y nos mudamos a un barrio mejor. La mudanza lo cambió todo para mí porque me enseñó un mundo nuevo, uno que mis hermanas no habían disfrutado. Tuve la suerte de acceder a más personas y más cosas de las previstas.

No obstante, el cambio también generó un conflicto inesperado. Mis nuevos vecinos tenían otro tipo de expectativas sobre su futuro.

—¿No vas a ir a la universidad? —me preguntaban mis amigos en el barrio.

—Eeeh... no. Voy a reparar aires acondicionados.

—¿Por qué? ¿No eres lo suficientemente listo para la universidad?

Ellos creían que una carrera superior constituía la única opción para que un joven tuviera un futuro. De hecho, esa sigue siendo la idea dominante. La gente considera los estudios técnicos algo «de segunda clase». Solo en los últimos años, tímidamente, en Estados Unidos empiezan a reivindicarse las escuelas técnicas profesionales, que te preparan para seguir tu pasión, abrir un negocio e independizarte rápidamente, sin necesidad de esperar que alguien te dé un trabajo. Ahora incluso ha surgido un nuevo y bonito nombre para quienes deciden tomar esa vía: «emprendedores».

Lamentablemente, yo no conocía esa palabra. Ni ninguna otra con la cual defenderme. Empecé a sentirme raro en mi nuevo medio. Y no quería ser diferente. A fin de cuentas, era un gay en el armario. Mi cuota de diferencias estaba más que cubierta.

Decidí ir a la universidad. Exigí a mis profesores del colegio que me diesen más tareas. Necesitaba listas de lecturas, más formación, contenidos más avanzados. Quería salir de ahí con el mejor nivel educativo. Y muchos profesores —al igual que mis padres— aceptaron ayudarme. Después de mucha preparación, acabé entrando en Ciencias Políticas y Economía en la Universidad de Massachusetts.

Gracias a mi perfil y mis buenas notas, la universidad me concedió media beca, pero aún necesitaba dinero para mis gastos. Por suerte, el boom económico de esos años trajo a la ciudad una gran planta industrial de computadoras y, con ella, al primer hotel Hilton de nuestra historia local, que se abrió para recibir a ejecutivos y turistas. Allí conseguí un trabajo de botones, con un gracioso uniforme y unos ingresos basados casi exclusivamente en propinas.

Trabajando de botones comencé a entender el valor de conectar a las personas. Los clientes llegaban con todo tipo de preguntas:

—Necesito comprar un pantalón. ¿A dónde voy?

—¿Hay algún cine por aquí?

—¿Dónde puedo tomar una copa?

Yo les recomendaba diferentes negocios en el pueblo. Esos negocios me premiaban con rebajas o regalos. Además, mis jefes se mostraban muy satisfechos de ver a sus clientes contentos. Descubrí que reunir a las personas era un buen negocio para todas las partes. Y que me encantaba.

Conocer a esos huéspedes provenientes de todo Estados Unidos me dio, además, muchas ansias de viajar. Francamente, hacía tiempo que mi mayor anhelo era largarme de Lowell. Los pueblos pequeños no son fáciles para los homosexuales, ni siquiera ahora. Menos aún en los años ochenta. Yo soñaba con un trabajo que me permitiese mudarme a Boston, una gran ciudad donde vivir libremente.

Encontré el trabajo que buscaba en un anuncio de *The Boston Globe*: una compañía de recursos humanos que reclutaba ejecutivos informáticos para bancos necesitaba personal. En los ochenta, el sector financiero comenzaba a emplear sofisticados sistemas de software. Veinte años después, esos mismos sistemas, ya incomprensibles para el ser humano, producirían la gran crisis. Aunque claro, eso no se veía venir por entonces. Simplemente, la economía crecía a marchas forzadas y hacía falta gestionar más operaciones con mayor rapidez. Los agentes de Bolsa iban dejando de ser vendedores para convertirse en matemáticos o expertos en computación. Y tenían una demanda gigantesca.

Conseguí el trabajo de cazatalentos y, con él, la oportunidad de marcharme de Lowell. Solo que mis empleadores no me llevaron a Boston. Según dijeron, yo les gustaba tanto que me necesitaban en la oficina principal de Nueva York. ¡Mucho mejor!

Aún recuerdo esa oficina. Para un chico de veintiún años recién graduado en una universidad de provincias, se veía como sacada de una película de Wall Street: unos veinte escritorios llenos de gente hablando por teléfono y conversando entre ellos. Todos elegantes, todos sofisticados. Pagaban muy bien. Y eso sin mencionar que, pensando en mi orientación sexual, Nueva York me ofrecía la posibilidad de vivir como la persona que yo era en realidad.

Salí de mi pueblo casi a escondidas. Me despedí de mis amigos y todo eso, claro, pero apenas di explicaciones o conté qué iba a hacer. Rompí con mi pasado y con mi vergüenza del modo más radical posible.

Durante los primeros años en la Gran Manzana, viví feliz. Trabajaba con los más grandes: Goldman Sachs, Citibank o Lehman Brothers. Cuando ellos necesitaban cubrir un puesto, yo publicaba un anuncio en *The New York Times* para atraer ejecutivos. Tenía todo un sistema para redactar el mejor aviso y llamar la atención de los más adecuados. Cuando aparecían por mi despacho, me fijaba en su aspecto, en su manera de hablar, en su currículum, y seleccionaba a los que consideraba apropiados para las entrevistas finales. Me iba muy bien.

Lamentablemente, entonces la banca no significaba nada para mí en lo personal. Aunque yo cumplía mi trabajo con eficiencia, no sentía ninguna identificación con el sector. A decir verdad, ni siquiera tenía claro qué hacía esa gente exactamente. No entendía todo eso de las derivadas y los algoritmos. Y supongo que ellos tampoco porque, a la larga, la cosa acabó como acabó.

A mí me interesaban el arte, la moda, la cultura. Pasear por los museos y las tiendas de la Quinta Avenida, entre los escaparates de los diseñadores, me atraía mucho más que reunirme con los compañeros del trabajo. La atmósfera del lujo me seducía como nunca lo haría una junta directiva.

Una tarde, yo acababa de salir del despacho cuando me encontré frente al local de Fendi. Los bolsos de esa marca les gustaban mucho a mis hermanas. Mientras paseaba mi vista por ellos, de repente tuve una iluminación. Una locura, supongo. Casi sin pensar, entré en la tienda y le dije a la dependienta:

—Quisiera hablar con el encargado, por favor.

—¿Hay algún problema, señor?

—Ninguno. Simplemente, tengo interés en este negocio.

Yo sabía que siempre hay que evitar a los intermediarios y buscar directamente a la persona que toma las decisiones. Confiaba en que no le negarían el paso a un cliente con un buen traje y la suficiente convicción. En efecto, después de unos minutos, el encargado terminó por bajar.

—¿Puedo ayudarlo, señor?

—Los bolsos Fendi les gustan a mis hermanas, de ahí que me haya llamado la atención su marca.

—Es una empresa italiana, señor.

—Entiendo. ¿Y tienen algún sistema para solicitar trabajo en ella?

—Depende. ¿A qué se dedica usted?

—Recluto ejecutivos para sistemas informáticos de banca.

—¿Nunca ha trabajado en una tienda?

—Jamás.

—No contratamos a gente sin experiencia en tiendas.

Comencé una larga explicación. Le dije que mi trabajo consistía en conectar a personas con empresas. Y que lo mismo podía hacerse en una marca como Fendi: crear una base de datos de clientes, acercarles el producto y atraerlos a la tienda. Mi experiencia, después de todo, podía ser útil.

—Nosotros ni siquiera pagamos salarios —trató de desanimarme—. Los vendedores solo cobran una comisión.

—Me parece perfecto. No necesito el dinero. Solo quiero conocer este negocio. Y si lo hago bien, cobraré.

A fuerza de insistir hasta el agotamiento, conseguí entrar como vendedor a prueba los fines de semana. Fui destinado al sótano, donde se vendían las maletas y algunos accesorios para hombres, como corbatas y bufandas.

Ahí, desde el principio, me convertí en la antítesis del vendedor. Generalmente en esas tiendas, nadie te hacía el menor caso. Tenías que suplicar por la atención de los dependientes. En cambio, yo me acercaba a la gente, les hacía preguntas, les enseñaba prendas. Intercambiaba tarjetas con ellos. Incluso llenaba un cuaderno de clientes, a los que después llamaba por teléfono:

—Hola, soy el vendedor de Fendi. ¿Recuerda esa chaqueta que le gustaba pero que se le iba de presupuesto? Ahora está en oferta. ¿Que no puede pasarse? No hay problema. Tengo el número de su tarjeta de crédito. Le mando la chaqueta. Si no le convence, la devuelve y listo.

Básicamente, obligaba a la gente a comprar.

Es verdad que no cobraba. Y a nivel de estatus, puede parecer un retroceso pasar de ejecutivo a vendedor. Pero yo tenía veintiséis años y el estatus me daba igual. Mi nuevo entorno ofrecía otros beneficios: era muy diverso y estaba repleto de gente más parecida a mí en todos los aspectos. A mi alrededor se organizaban todo el tiempo fiestas con famosos y gente influyente. Y el dinero, con la economía creciendo como la espuma, tampoco faltaba. ¿Qué más podía pedir?

El negocio de la moda comenzaba la profunda transformación de fin de siglo. Muchas casas de moda, hasta entonces negocios familiares, eran absorbidas por grandes corporaciones que planeaban extender su clientela hacia nuevos mercados; en particular, hacia la otra mitad de la población: los hombres. Conforme las mujeres penetraban más en el mundo del trabajo, los caballeros se preocupaban más por su aspecto.

Cuando Fendi abrió su línea masculina, yo pedí estar al mando de ella. Al fin y al cabo, iban a ponerla en mi sótano. Me respondieron que no. La colección había sido creada en Europa y las hermanas Fendi querían poner a un europeo en el puesto. La empresa me propuso ser el número dos, aunque eso no significaba una promoción, un contrato diferente, ni siquiera un aumento.

Decepcionado, renuncié.

Quizá me estaba volviendo demasiado ambicioso. Al fin y al cabo, yo era solo un vendedor. Pero me consideraba capacitado para administrar una tienda.

La vida no te regala las cosas. Debes salir a buscar lo que quieres. Fundamentalmente, tienes que buscar a las personas que se dedican a ello y mostrarles lo que puedes aportar.

Por el periódico, conseguí el trabajo que buscaba como administrador en una tienda pequeña pero muy bonita de maletas de cuero en un centro comercial de la avenida Madison. Y desde ese centro de operaciones, del que yo podía disponer a mi medida como un escaparate de mis habilidades, desplegué una cuidadosa estrategia social. Pasé a saludar a mis vecinos de las tiendas de los alrededores que me gustaban. Les ofrecí mi colaboración y consejos útiles. Asistí a sus fiestas inaugurales. Les envié flores. Salí a comer con ellos. Me aseguré de que me conocieran. Y esperé.

Glamour y desempleo

Mi ficha del FBI establece que entré a trabajar en la zapatería Tod's en junio de 1991. Como Fendi, también se trataba de una empresa familiar italiana, con local en el mismo centro comercial de Madison. El dueño, Diego Della Valle, me puso a cargo de su tienda, pero yo no me había mudado para tener el mismo puesto que antes. Y a Diego no le faltaba ambición. Nada más entrar, me mandó a Miami para abrir el segundo local de la marca y acabó nombrándome vicepresidente para todo Estados Unidos.

Diego se preocupaba mucho por la imagen del personal de la marca. No puedes vender lujo si te quedas en hoteles de medio pelo y comes en McDonald's. Para atraer a los clientes que buscábamos, la empresa proporcionaba a sus representantes un nivel de vida espectacular: viajes en primera clase, hoteles de cinco estrellas, cenas para sibaritas en hoteles de Bel Air. Un delirio.

A lo largo de los siguientes años, viajé por todo el país. Abrí diez nuevas tiendas y diecinueve representaciones en otros comercios, aparte de una nueva marca. Y me enorgullece decir que convertí una tienda de Manhattan en un lucrativo negocio a escala nacional. Harrison Ford usaba nuestros zapatos. Y Sharon Stone. La familia Della Valle se portaba estupendamente conmigo y nos hicimos grandes amigos. En el plano personal, tuve dos relaciones de pareja largas y estables. Al fin, todo en mi vida estaba en su lugar y encajaba a la perfección.

Ahora bien, ¿cuánto es suficiente? Uno siempre desea más de lo que tiene. Y a mediados de 2001, después de una década en Tod's, la tentación llamó a mi puerta.

Recibí una propuesta de Hermès para dirigir su misión en Estados Unidos. Hermès era —y sigue siendo— un referente global en moda, con un prestigio inigualable. Ellos habían marcado hitos en el mercado como la personalización del producto: en un rincón de sus tiendas podías pedir que tus zapatos o mochilas fueran hechos a tu gusto, en cuero rosado, piel de cocodrilo u otras locuras. Yo personalmente había espiado sus tiendas durante años. Había estudiado al milímetro cada detalle de su marca: el uniforme de sus vendedores, su manera de hablar, su forma de exhibir las prendas. Y ahora querían darme el control de todo eso.

Para entonces, yo ya tenía una relación de pareja con Michael. Planeábamos mudarnos a vivir juntos. Habíamos comprado un apartamento en la ciudad, qué él había comenzado a decorar. Él era la persona con quien debía consultar este paso.

—Tod's me ha dado una vida inmejorable —dudaba yo—. No puedo dejarlos.

Pero Michael es ambicioso y veía las cosas de otro modo:

—Hermès es lo mejor del mundo. Punto. Es una gran oportunidad en tu carrera. Y quizá no se repita nunca.

Después de mucho romperme la cabeza, decidí aceptar la propuesta de Hermès. Ni siquiera la usé para mejorar mis condiciones en Tod's. Solo le comuniqué mi partida a Diego Della Valle después de firmar el contrato.

Fue una de las reuniones más horribles que he tenido. Diego preguntó:

—¿Qué quieres para quedarte con nosotros?

—No quiero nada. No he venido a negociar.

—Te daré lo que quieras. Pero no puedes irte. Tú eres parte de nosotros.

—En realidad, ya he firmado el contrato con ellos. Te respeto demasiado para ponerme a jugar a dos bandas. Ha llegado la hora de un nuevo reto.

—Has cometido un gran error —me advirtió Diego.

Tristemente, tenía razón.

El mismo mes de mi cambio de trabajo, como un presagio, se produjeron los ataques contra las Torres Gemelas. De la noche a la mañana, Nueva York se convirtió en un lugar triste y siniestro. La energía se marchó. Los clientes no querían comprar en las tiendas por miedo a los atentados. Los buenos tiempos se habían acabado.

Como primer paso en mi nueva empresa, viajé a los talleres de Hermès en París para conocer todo su proceso de fabricación. Pude ver el paso de las telas a los vestidos. Cosí cuero con mis manos. Fabriqué mi propia billetera. Fue una experiencia hermosa. La última allí.

Hermès se consideraba suficientemente exitosa por sí misma, así que no necesitaba ofrecer a sus ejecutivos la participación creativa que me daba Tod's. Mi influencia en las decisiones iba a ser mucho menor. De hecho, no iba a tener control de nada. Y a mí ni siquiera se me había ocurrido preguntar al respecto antes de firmar.

En Tod's producíamos para el mercado estadounidense, contratábamos la publicidad en revistas como *Vogue* o *Harper's Bazaar* y colocábamos en las tiendas los productos publicitados. O sea, lo normal. En cambio, en Hermès, la campaña se decidía desde Europa. Las fotos se enviaban de París y se publicaban sin el menor interés por lo que pensara el consumidor estadounidense. Y con frecuencia, los productos publicitados ni siquiera se distribuían en las tiendas. Los clientes llegaban al local con la foto de la corbata que querían... pero la corbata no existía.

Pregunté a Francia:

—¿No puedo seleccionar los productos y la publicidad que se distribuyen en mi mercado?

—No.

—Pero ¡soy responsable del presupuesto para ese mercado! ¿Cómo voy a garantizarlo si no puedo ni escoger lo que vendo?

Esa es otra pregunta que yo debía haber hecho antes de entrar.

Intenté al menos que los vendedores informasen a los clientes de si el producto se encontraba disponible en alguna otra tienda de la marca. Pero los vendedores no tenían acceso a esa información. Peor aún, no existía un sistema informático global. Solo cada tienda sabía lo que tenía. Y llevaba semanas reunir toda esa información, porque se recopilaba manualmente.

Propuse que las tiendas compartiesen la información. La respuesta se veía venir:

—No hace falta. Tenemos éxito así.

El éxito es un obstáculo para el cambio. Cuando una empresa se siente demasiado segura haciendo las cosas de una manera, se vuele incapaz de transformarse. En Tod's, yo había participado desde el inicio, dejando mi propio sello en la marca. Hermès no era lugar para gente creativa.

Traté de modificar el sistema de arriba abajo. No hubo manera. París ponía muchas pegas para enviarme la campaña publicitaria antes de que apareciese. Y cada pedido requería seis meses para presentarse en los escaparates, así que nunca llegábamos a tiempo para la temporada anunciada.

Como Nueva York sufría la depresión posterior a los atentados, también dediqué mis esfuerzos a animar un poco a la clientela. Increíblemente, en los locales de Hermès estaba prohibida la alegría. No se podían colgar adornos navideños. Ni poner música. Todo tenía que parecer un museo. Todo estaba muerto.

Al fin, en enero de 2002, recibí una llamada de Jean-Louis Dumas, el dueño de Hermès en persona. Me llenó de esperanza. Pensé que llamaba para agradecer mis ideas. Creí que al fin alguien entendía mis propuestas.

Qué iluso fui. Lo que oí al otro lado de la línea me sumiría en la peor de las depresiones.

—James, tú no entiendes nuestro negocio —me expuso Dumas, como perdonándome la vida—. La publicidad de las revistas es solo una campaña de marca. Está diseñada para invitar a la gente a la tienda, y que allí cada cliente haga su propio viaje.

—Pero ¿qué pasa con la gente que no encuentra lo que quiere?

(¿Es que era tan difícil de entender?)

—No hay problema —explicó él—. Encontrarán otra cosa.

(Sí lo era.)

—¡La gente quiere lo que ve en la publicidad! —insistí.

—No. La gente quiere explorar nuestro universo.

Dumas tenía una visión, hablaba de esto como si fuese una ensoñación. Para mí era un negocio, una tienda. Su objetivo no radicaba en la satisfacción del dueño, sino de los clientes.

—Pensé que me habíais contratado para hacer lo que hice en Tod's —repliqué.

—Nos encanta lo que hiciste en Tod's. Pero no te contratamos para hacer eso.

No hacía falta hablar más.

Renuncié a Hermès en febrero de 2002, después de tan solo cinco meses en el puesto. Mi ficha del FBI consigna que lo hice para «explorar nuevas perspectivas en mi trabajo». Es un eufemismo. No puedes decirle a la policía que todo te ha salido mal.

Dada la situación de incertidumbre de Nueva York, no encontraría ningún otro puesto en la ciudad. Y en cuanto al piso que había comprado, ahora no estaba claro ni que pudiese pagarlo.

La fábrica de sueños

Lo único que quedaba en mi vida era Michael. Y él vivía en Los Ángeles. Llevábamos dos años teniendo una relación de costa a costa, robando espacio a nuestros viajes para vernos y llamarnos, sin convivir. Si había algún momento para dar el siguiente paso, ese momento había llegado.

Le propuse mudarme a California y alquilarme un apartamento. Él, maravilloso, respondió:

—Yo tengo una casa. Ven a vivir conmigo.

Por entonces, Michael vivía en Brentwood, en una especie de rancho californiano de construcción moderna con unas vistas impresionantes. Al menos, yo sería un desempleado con una casa espectacular.

Llevaba años sin buscar trabajo. Ya no recordaba cómo hacerlo. Naturalmente, empecé a buscar en el sector del lujo. Pronto descubrí que todas las grandes compañías de lujo con tiendas en Los Ángeles tenían la base en Nueva York. Los ejecutivos y los cerebros vivían en la Costa Este. Los únicos trabajos disponibles en mi lado del país eran para administrar una tienda, lo que habría sido un paso atrás en mi carrera.

Me ofrecieron puestos directivos en compañías que fabricaban camisetas y vaqueros, pero yo no concebía dedicarme a un ramo más informal y menos glamuroso de la industria textil, por muy bien que me pagasen.

Supongo que suena esnob. Sin embargo, tiene todo el sentido. A veces, escogemos en medio de la desesperación y acabamos haciendo cosas que no nos gustan. Es un error. Las decisiones de trabajo tienen efecto durante años, quizá décadas. Para dar lo mejor de uno mismo y sentirse cómodo durante todo ese tiempo, se debe tener claro lo que se quiere. Si no te gusta lo que haces, por muchas horas que le pongas, nunca darás lo mejor de ti. En cambio, si te dedicas a lo que te llena de manera personal, trabajarás mucho porque disfrutarás haciéndolo.

Ahora bien, si uno se conoce a sí mismo con suficiente profundidad, también es capaz de adaptar sus ambiciones a los nuevos entornos. Insistir en algo que no funciona solo te puede llevar a darte cabezazos, como una mosca tratando de salir por una ventana cerrada. En California, yo asumí que necesitaba cambiar de perspectiva.

A mi llegada a Nueva York, había seguido mi instinto de dedicarme a algo más estimulante que la banca, algo asociado a la fantasía y la belleza. Y el riesgo había funcionado. En Los Ángeles, ese negocio no era la fabricación de camisetas, sino el entretenimiento. Había llegado la hora de recalibrar la brújula. El norte había cambiado de lugar.

Tuve suerte, porque ya conocía a mucha gente en Hollywood. Me entrevisté con decenas de productores y ejecutivos que me ayudaron a entender el medio. Sin embargo, al principio, ninguno de ellos me dio trabajo. Cada uno me mandaba a otro, sin contratarme. Mi experiencia laboral, para ellos, resultaba completamente inútil.

Al fin, uno de esos productores me habló de Terry Press, que por entonces trabajaba con Steven Spielberg de jefa de Marketing en Dreamworks. Terry estaba fascinada con el trabajo de Michael, que decoraba las casas de todos los magnates de Hollywood, entre ellos el propio Spielberg. Pero no lo conocía personalmente. Así que sería fácil concertar un encuentro informal entre todos nosotros.

Ese encuentro arregló mi vida. Terry se convirtió en mi mentora. Se trata de una mujer muy práctica y resolutiva, que no pierde el tiempo edulcorando las verdades. Y con ese estilo directo, me preguntó:

—A ver, James, ¿quién eres? ¿Qué haces?

—He trabajado mucho tiempo en Tod's. Y luego, en Hermès.

—Así que vendes cosas.

—Sí, vendo cosas.

—¿Sabes lo que hacemos aquí? Vendemos entradas. Así que estamos en el mismo negocio. Vendemos cosas a consumidores. Sácate de la cabeza que no sabes nada de Hollywood. Está claro que no eres un productor, pero eres un hombre de negocios. Entiendes cómo promocionar, cómo vender y atraer audiencias. Ofrece eso.

La revelación de Terry bastó para reducir mi ansiedad y hacerme sentir que no estaba loco, que mi plan tenía sentido. Solo me faltaba un detalle:

—Y ¿cómo lo hago?

—Tienes que decirles a los productores que te dedicas al marketing y el *merchandising*.

—Pero no tengo idea ni de marketing ni de *merchandising* en el sector cinematográfico.

—No es necesario. Solo diles que la tienes. Esto es Hollywood. Todo va de vender historias. Véndeles la tuya.

Obedecí a esa mujer palabra por palabra. Ese es otro requisito para tener éxito en los negocios y en cualquier aspecto de la vida: saber valorar de quién rodearse y escuchar sus consejos con humildad.

Con esa idea nítida sobre lo que podía ofrecer, comencé a buscar trabajo de un modo más directo. Gracias a los contactos de Michael, no tenía que entrevistarme con oficinas de recursos humanos o mandos medios. Podía acceder directamente a los jefes de los estudios. Y con mi nueva historia, ellos comenzaron a derivarme a los departamentos de Marketing, donde ya hablábamos todos el mismo idioma.

Pronto conocí a Joe Roth, que había sido presidente de Disney y de 20th Century Fox. Joe había abierto su propia empresa, Revolution Studios, y tenía un contrato con Sony para producir cuarenta películas. Los tratos en el cine son muy complejos: una compañía se ocupa de la producción, otra de la distribución, otra de la promoción, y se reparten los beneficios. De modo que Joe me dijo:

—En principio, no necesito a alguien como tú. Sony se va a ocupar del marketing de mis películas. Pero ellos también se ocupan de sus propias producciones, y de las de otros estudios. Me vendrá bien que alguien esté encima de ellos para vigilar que nos dediquen atención.

Le ofrecí actuar como enlace con Sony y diseñar yo mismo las estrategias de *merchandising* para que Sony las pusiese en práctica. Días después, tenía tres personas a mi cargo y había contratado un agente. Aunque en los estudios no hay títulos ejecutivos propiamente dichos, me había convertido en el jefe de Licencias y Relaciones Comerciales de la compañía.

Mi primera gran producción fue *Hellboy*, de Guillermo del Toro. Hasta hoy, todos los juguetes, gorras y tazas de la película que circulan por el mundo salieron de mi oficina. Luego vinieron *La sonrisa de Mona Lisa*, con Julia Roberts, y una película con Jennifer Garner llamada *El sueño de mi vida*. Como se trataba de proyectos muy comerciales, me ocupé también del emplazamiento de producto (*product placement*), es decir, de la publicidad encubierta de marcas que aparecen en la historia: el coche del protagonista o el dentífrico de la estrella no responden a elecciones al azar. Se pactan con las compañías fabricantes para reducir los costes de producción. Hay alguien que va a las oficinas de Coca-Cola y les dice: «¿Quieren que Vin Diesel beba su producto en su nueva superproducción?». Ese alguien era yo.

Resultó que Roth estaba en lo cierto: Sony ya tenía bastante con sus propias producciones y yo les ahorraba mucho trabajo y conseguía muy buenos tratos. Así que todos estábamos muy felices y yo permanecí en Revolution Studios durante los cuatro años del contrato, convirtiéndome en un experto en el tema. Si no trabajé en las cuarenta películas, fue solo porque no todas tenían emplazamiento de producto. A las marcas no les interesa anunciarse en películas demasiado independientes ni en aquellas en que ocurren cosas horribles.

Cuando mi contrato terminó, volví con mi maestra y guía Terry Press. Ella sugirió que abriese mi propia compañía para ofrecer como independiente los mismos servicios que había prestado en Revolution. Trabajé de esa manera con Disney y con Dreamworks, aunque se trataba de una operación pequeña, una transición mientras encontraba otra cosa.

Y la encontré, como siempre, porque conocía a las personas adecuadas. Una noche, cenaba en un restaurante con Michael y unos amigos, entre ellos el productor Brian Grazer, histórico socio de Ron Howard, y en la mesa de al lado se sentaba Chris Albrecht, el entonces presidente de HBO, que se acercó a saludar a Brian. Hablamos un poco de todo, nos contamos qué hacíamos en la vida y Chris me dijo de repente:

—Nosotros necesitamos a alguien que haga eso del *merchandising* y las licencias. No tenemos a nadie con tu perfil. ¿Por qué no te pasas por mi despacho y conversamos?

Pasé por su despacho al día siguiente. Y al cabo de un par de semanas, me había convertido en un vicepresidente ejecutivo de HBO. Albrecht me dio mi mejor oportunidad en Hollywood, y aún se lo agradezco.

En ese momento, HBO ya había lanzado éxitos como *Sexo en Nueva York* o *Los Soprano*, triunfaba con *The Entourage* y comenzaba a trabajar en *Juego de tronos*. Gracias al DVD y, luego, a la tecnología digital, las producciones podían permanecer disponibles para el público eternamente. Así que teníamos una mina de oro en el archivo: historias hechas y terminadas que podíamos seguir explotando sin gastar dinero en ellas.

Hasta ese momento, HBO había producido algo de *merchandising*, pero de bastante mala calidad: llaveros con el logo de HBO y ese tipo de baratijas. Mi aporte fue hacer notar que el público de la cadena era bastante sofisticado y que, por lo tanto, los productos promocionales debían ser creativos y sorprendentes:

—Ustedes son una cadena prémium —les expliqué—, un lujo, y yo vengo del mercado del lujo. Por eso soy la persona perfecta para llevar este trabajo a su siguiente nivel.

Empezamos por concebir todo tipo de extravagancias, como moda y perfumes, juegos de mesa, videojuegos o incluso máquinas tragaperras para casinos con la voz y la imagen de los personajes. Además, creamos una página web para vender *merchandising* de nuestras series. El trabajo tenía que realizarse con delicadeza, teniendo en cuenta la imagen que los actores querían proyectar de sí mismos, así que implicaba largas negociaciones con ellos y sus agentes, y requería una gran capacidad para satisfacer a todas las partes. Pero los artistas no tenían de que preocuparse. Lo que queríamos en HBO era, precisamente, mantener el alto perfil que su talento exigía.

A continuación, desarrollamos la estrategia a nivel global, sobre todo en Europa, asociándonos a grandes marcas con presencia en todos los mercados. Mucha gente habla de las buenas series de televisión como si fuesen un invento de los últimos años. En realidad, siempre hubo grandes series. Lo que ha cambiado es que ahora las ve todo el mundo.

La revolución digital, en la que han tenido mucho que ver las empresas californianas de Silicon Valley, ha permitido que todo el planeta tenga acceso a los contenidos y, además, que cada consumidor acceda a ellos según su conveniencia, a la hora y al ritmo que le vengan bien, sin esclavizarse a la programación de un canal, como antes. La ficción televisiva ya no se consume como una función de cine, con horarios fijos, sino como un libro, que se adapta a los hábitos del espectador; un libro que no pasa por la aduana ni espera a ser distribuido en librerías. Está ahí, listo para ti, en el momento en que alguien te lo recomienda o, simplemente, cuando te apetece probarlo.

Los productos que inventamos en mi división aún le rentan millones de dólares a HBO y a los artistas. Además, ahí aprendí a conectar la creatividad y los negocios. Cuando Michael y yo empezamos a frecuentar la Casa Blanca, llevamos con nosotros esa red de relaciones: pasamos un fin de semana en Camp David con los Obama, Bruce Springsteen, Julia Roberts y Sarah Jessica Parker, a través de la cual hicimos una máquina tragaperras en HBO con su imagen como Carrie Bradshaw para *Sexo en Nueva York*. O cenamos en la Casa Blanca con el presidente, Meryl Streep y Anna Wintour. Por último, el trabajo en HBO me enseñó a promover la cultura de Estados Unidos en el mundo gestionando una organización global.

Todas esas experiencias se parecen mucho a lo que hace un embajador: conectar personas, sectores y países para impulsar la imagen de una nación en el mundo. Así que resultarían decisivas para mi futuro diplomático.

O, al menos, eso es lo que pone en mi ficha del FBI.

Educando a James

Después de esculcar tu pasado del derecho y del revés, metiendo la mano en todos sus bolsillos, el FBI eleva su informe al despacho del presidente. Cuando Obama revisó el mío, me comentó:

—Felicidades. Eres la persona más aburrida del mundo. Nunca has hecho nada malo.

No había cosas reprochables en mi dossier. Ni siquiera una infracción de tráfico. Mi inocencia resultaba tan plena que casi daba vergüenza.

Un certificado de persona aburrida no garantiza que seas nombrado embajador. Aún faltan varias etapas en el proceso. De hecho, en ese momento, ni siquiera se anuncia que serás embajador. El primer paso es la nominación: la Casa Blanca hace público que tiene la intención, si nadie se opone especialmente, de nombrarte embajador.

En mi caso, la nota de prensa fue enviada a los medios el 14 de junio de 2013 como parte de un grupo de seis embajadores y con una declaración del presidente:

—Me enorgullece que personas tan capaces y dedicadas se hayan animado a unirse a mi Administración para servir al pueblo estadounidense. Estoy ansioso por trabajar con ellos durante los próximos meses y años.

Nuestras hojas de vida profesional venían adjuntas.

Era el momento en que la gente podía emitir su opinión.

Cualquiera que tuviese información de malos manejos o asuntos turbios por mi parte podía llamar a la Casa Blanca —o a la prensa misma— y detener mi designación... O callar para siempre.

Como nadie dijo nada, pasé a la siguiente etapa, que es en realidad la más difícil. El día 27, la Casa Blanca envió al Senado la petición para que me aceptasen en el cargo. Ahora había que esperar a que me asignasen una fecha para la audiencia de confirmación: el día en que te presentas en el Congreso para explicar por qué puedes ser un digno representante de Estados Unidos.

Para entonces, Michael y yo llevábamos casi un mes viviendo en un chalet alquilado en Georgetown, Washington. Michael lo había cambiado de una forma espectacular en un par de días y parecía que hubiésemos vivido ahí siempre. Pero solo era el cuartel general de la fase «educando a James». Había llegado la hora de resetearme para desempeñar una nueva responsabilidad en un nuevo sector, un nuevo país y un nuevo idioma.

Seguí un curso oficial de dos semanas con otros quince nuevos embajadores y sus parejas. Yo llevé a Michael, por supuesto. Resultó que éramos cuatro homosexuales en el curso. Todo un acontecimiento histórico. Precisamente se trataba del mes del Orgullo Gay y John Kerry colgó un vídeo en internet para anunciar que la igualdad entraba en la agenda internacional del Gobierno. Era un gran momento para ser estadounidense y para representar a ese país.

A decir verdad, el curso en sí no era muy entretenido. Nos enseñaron todos los detalles prácticos sobre el equipo de la embajada, los límites éticos y legales, cómo organizar los presupuestos, recomendaciones de seguridad... No era lo más fascinante del mundo, pero yo quería hacerlo todo a la perfección. En este trabajo, no solo estaba en juego mi reputación personal, también la del presidente que me había nombrado. Y la de Estados Unidos.

Sin embargo, aprendí a valorar algo muy interesante que no tenía previsto: el talento social de Michael, que conseguía el protagonismo a cada minuto. La instructora Carol y los demás alumnos estaban fascinados con él. Yo ya sabía que él era encantador. Siempre había sido el extrovertido de nuestra relación. Pero entonces empecé a verlo como mi arma secreta en esta nueva vida. Y se lo dije:

—¿Sabes que, cuando Kennedy llevó a Jackie por primera vez a Francia, todo el mundo estaba pendiente de ella? Tanto que el presidente se definió a sí mismo como «el hombre que trajo a Jackie a París». Cuando lleguemos a Madrid, tú serás mi Jackie Kennedy.

También tuvimos momentos malos, sobre todo por mi ansiedad con todo lo que ocurría a mi alrededor. Cuando se hizo pública mi nominación y España aceptó mi candidatura, se levantó una oleada de publicidad muy difícil de manejar. Es fácil imaginarlo: un embajador abiertamente gay y animalista, novio del decorador de la Casa Blanca. De repente, había fotos mías por todo internet: Cataluña me amaba; los toreros me detestaban. Pero lo cierto es que aún podía truncarse todo, y Andorra estaba tardando más de lo esperado en dar su aceptación. Yo estaba nervioso, necesitaba mucha atención y perdí el control. Tuve una pelea terrible con Michael:

—¡Eres un egoísta! —acabé gritándole—. ¡Solo piensas en ti!

Michael se marchó de casa. Yo me quedé solo y devastado.

Comprendí entonces que nunca podría hacer lo de la embajada sin él a mi lado. Por suerte, conseguimos hablarlo con calma, largamente. Y el siguiente fin de semana volvimos a Los Ángeles a recuperar el calor del hogar.

Echaba de menos a mis perros. Aún no me había planteado siquiera cómo iba a separarme de ellos durante tanto tiempo. Pasé los días libres de Los Ángeles en la cama, leyendo para el curso y dejando que los perros se subiesen a lamerme cuanto quisieran.

Ese fin de semana también se celebraba el día del Padre. Yo llamé al mío. Para él, el mejor regalo posible era la noticia de mi nombramiento. No quería decepcionarlo. Pero tampoco quería estar lejos de todos mis seres queridos, personas o animales.

Iba tomando conciencia de que venían muchos cambios, algunos previstos y otros no.

Volví a Washington y permanecí allí dos meses más. El curso básico había sido demasiado general y yo quería aprender más cosas y más específicas: necesitaba información sobre diplomacia, sobre España, sobre Andorra. Me entrevisté con senadores del Comité de Relaciones Exteriores, oficiales del FBI, gente del Departamento de Estado, funcionarios del Pentágono... Cuando te nombran embajador, te asignan una persona de enlace con la Administración que te pone en contacto con quien necesites. Incluso conseguí un asesor deportivo para saber cómo funciona el fútbol, uno de los activos más importantes de mi país de destino.

También tuve un momento de pánico en que pensé que mi nombramiento sería rechazado en el Congreso. Fue durante la entrevista con el senador por Wisconsin Ron Johnson, miembro del comité de Relaciones Exteriores, al que yo supuestamente debía caer bien.

Evidentemente, yo llevaba más cuidado al hablar con republicanos que con demócratas porque el partido rival tenía más posibilidades de ponerme pegas el día de mi audiencia. Pues bien, Johnson era republicano. Y mucho. Se había hecho millonario en la industria del plástico y consideraba el cambio climático inevitable: un producto de la acción de las manchas solares, igual que los cambios de eras geológicas en aquella época en la que no había ni coches. Ya que no aceptaba ninguna responsabilidad humana en el cambio climático, también era partidario de secar los grandes lagos para extraer el petróleo de su subsuelo. Su carrera política había nacido al calor de las manifestaciones del Tea Party, el ala más radical de la derecha, y en coherencia con su público rechazaba ardientemente la sanidad pública de Obama —el «Obamacare»— y hasta las leyes para la protección contra el abuso infantil. Vaya, que no teníamos mucho en común.

Sin embargo, nos llevamos bien. Nuestra entrevista resultó cordial. Me sentí cómodo. Nuestra conversación fluyó con tanta naturalidad que, al terminar, nos permitimos un minuto para socializar. Él preguntó:

—¿Y qué ha estado haciendo usted hasta ahora, ya que es su primer puesto diplomático?

—Trabajo en HBO. Ya sabe, la productora de *Juego de tronos*.

La serie vivía un momento de gloria ese año y todo el mundo hablaba de ella. El propio Johnson había mencionado que le gustaba a un amigo suyo, así que pensé que era un buen tema.

—*Juego de tronos*, ¿eh?

—Se ha convertido en un éxito global. Y ahora estamos diseñando videojuegos basados en la historia...

—Videojuegos...

—A los chicos les encantan.

—¿En serio? Como a ese chico de Denver, ¿verdad?

El año anterior, un psicópata de veinticuatro años había acudido al estreno de *El caballero oscuro: la leyenda renace* en un cine de Denver armado con un fusil semiautomático AR-15, una escopeta Remington calibre 12 y una pistola calibre 40. Durante una escena de acción, el joven se había levantado del asiento y se había puesto a disparar contra el público, dejando un saldo de doce muertos y casi sesenta heridos. Pensando que las explosiones formaban parte de la película, la gente había tardado en reaccionar. Al ser arrestado en un aparcamiento minutos después, el asesino declaró a la policía: «Soy el Joker, enemigo de Batman». El senador Johnson culpaba de ello a los contenidos audiovisuales. Pensaba que los chicos se identificaban con los personajes de las películas, actuaban como ellos en los videojuegos, y de ahí al asesinato en serie solo había un paso.

Traté de defenderme de las insinuaciones del senador:

—No existe ninguna relación científicamente demostrada entre los juegos o las películas y los asesinos...

Johnson respondió:

—Todavía no. Pero seguimos investigando. Y mientras lo hacemos, yo me opongo a los contenidos audiovisuales que puedan inclinar a nuestra juventud hacia la violencia. Así que usted es una de las personas que los produce...

Acabamos en ese debate. La cosa subió de tono un poco y nuestra buena onda se descalabró. En mi opinión, no tenía mucho sentido que un político que defendía el derecho de los estadounidenses a comprar lo que deseasen hiciese excepciones justo para consumir entretenimiento. Pero en todo caso, no estábamos ahí para una discusión sobre el libre mercado, sino para preparar mi audiencia de confirmación. Y salió mal.

Ya en el exterior del Capitolio, le pregunté al funcionario de enlace:

—¿Qué pasó?

—Se descontroló todo. Pero ¿por qué sacaste el tema de *Juego de tronos*?

—¡Porque nos estábamos llevando bastante bien! Solo quería hablar de algo normal.

Más allá de las reuniones y entrevistas —y de las discusiones inesperadas sobre los videojuegos—, yo diría que Michael y yo lo pasamos bastante bien durante esos meses en Washington. Michael hacía incluso más planes que yo. Era bonito soñar, aunque tampoco podíamos tener la certeza de que las cosas saldrían bien.

También recibíamos a mucha gente en nuestra casa. Una vez, vino Michelle Obama y nos trajo un pastel.

—James, ¿cómo va tu preparación para la embajada? —preguntó ella.

—Bien. O eso creo. No siempre es fácil saber si aciertas.

Ella me guiñó el ojo y me dijo:

—Tú hazlo lo mejor que puedas.

Durante esa temporada, Michael y yo también asistimos con frecuencia a la Casa Blanca. El 4 de julio fuimos para ver los fuegos artificiales del día de la Independencia. Era la primera vez que veía a Obama desde su nominación. Mientras conversábamos junto a la piscina, le dije:

—Quiero agradecerte de nuevo este honor. Sé que cumpliré tus expectativas.

—Lo harás muy bien. Solo cuida de que Michael no nos monte un incidente internacional —bromeó.

Cuando subimos al tejado a ver los fuegos, aproveché la oportunidad para pedirle consejo al presidente:

—¿Qué esperas de mí como embajador?

—Que salgas de la embajada. Que viajes. Ve a buscar a la gente de España y Andorra, y cuéntales historias de esperanza y éxito de nuestro país.

En el cielo, luces con los colores de Estados Unidos explotaban por todas partes. Esa noche, como cada 4 de julio, todos los estadounidenses miraban el mismo cielo.

—Ah —añadió sonriendo el presidente—, y diles que los queremos.

La audiencia de confirmación se celebró el 25 de julio ante el Comité de Relaciones Exteriores del Senado. Esa tarde, a las 14.30, pedimos la confianza del Senado cinco nuevos embajadores destinados a países europeos: Grecia, Alemania, Bélgica, Dinamarca y España. En mi caso, el programa especificaba que también serviría en Andorra y aclaraba que lo haría «sin remuneración adicional». Por si se me ocurría pedir un extra, supongo.

Estas audiencias se transmiten en *streaming* y llegan a funcionarios del Departamento de Estado y a las propias embajadas, de modo que se convertiría en la primera impresión sobre mí de todas las personas con las que iba a trabajar. Y yo siempre había sentido pánico a hablar en público.

Para mi discurso, contraté al escritor de Obama Jon Favreau.

Jon era uno de los autores de discursos presidenciales más jóvenes en la historia de la Casa Blanca. Tenía treinta y un años, de los cuales llevaba ocho —desde la convención demócrata de 2005 en Boston— trabajando con Obama. Es decir, había tenido el mismo jefe durante toda su carrera. Las diferentes citas que he puesto en este libro de los discursos inaugurales dan una idea de su enorme talento para convencer y conmover. Pero en 2013 había decidido dar un giro a su carrera y se estaba mudando a Hollywood.

Ya durante la última campaña electoral, Jon había quedado fascinado por el mundo del cine durante una recaudación de fondos en casa de George Clooney. Y aprovechando que su hermano menor era actor, quería escribir una serie para televisión sobre Washington desde dentro. Una especie de *House of Cards* divertida, sobre su experiencia y la del portavoz del Consejo Nacional de Seguridad Tommy Vietor.

Aun así, mientras ellos abandonaban la Casa Blanca, tuvieron tiempo para leer mi discurso ante el Senado y ayudarme a mejorarlo. Pasamos dos semanas revisando el contenido y luego lo leí en voz alta ante ellos y escuché sus consejos para ganar seguridad al hablar en público. Así que no puedo decir si yo era el mejor embajador posible, pero sin duda tenía el mejor discurso.

En general, podía sentirme tranquilo: había hecho todas mis tareas. Nadie llegaría con una pregunta que no supiese contestar. Aun así, la situación intimidaba un poco. Yo me sentía nervioso, en el buen sentido de la palabra. En el de «excitado» y «expectante».

El día de la audiencia vinieron a verme mis padres, mi hermana, amigos —algunos, de mi antigua vida; otros, del equipo de Obama—, gente de la Campaña pro Derechos Humanos que había trabajado conmigo en la agenda LGBTQ... Todos se sentaban a mis espaldas en el salón del Congreso, mientras yo miraba hacia el jurado, sentado a la derecha del todo.

En el programa, mi turno aparecía el último de la sesión. Y mi asiento parecía confirmarlo. Pero el presidente del Comité, después de dar la bienvenida y hacer las presentaciones, me pidió hacer la primera intervención. Si antes estaba nervioso, ahora lo estuve mucho más. Había llegado ahí con la esperanza de escuchar a los demás para dar forma final a mis palabras.

Sin embargo, justo esa mañana, no me faltaban cosas que decir sobre España. Lamentablemente.

El día anterior se había producido un terrible accidente ferroviario en Galicia. Más de 78 muertos y 140 heridos en un tren que había tomado una curva demasiado rápido. Yo me había enterado justo antes de entrar en la sesión y estaba horrorizado. Comprendía que en España habría expectación por el nuevo embajador de Estados Unidos, al menos entre los políticos y los diplomáticos, y que ellos estarían atendiendo la sesión con tanto interés como mis compañeros de la embajada. Así que decidí comenzar recordando a las víctimas del accidente.

Ese pequeño gesto mostró que, para mí, los hechos que enlutaban a mi país de destino iban por delante de los procedimientos administrativos. Y creo que eso dejó una buena impresión, tanto en el Comité como, sobre todo, en los españoles que serían mi apoyo y mis colaboradores en el futuro.

A continuación, inicié mi discurso dando las gracias a mis padres, Charles y Katherine, allí presentes, a mi hermana Maria y a mi sobrina Kayla, que acababa de graduarse como enfermera. Recordé los valores de la clase media estadounidense que me habían sido inculcados —«trabajo duro, independencia y servicio»—, así como la formación de marine de mi padre. Y, por supuesto, tuve una mención especial para Michael:

> Me siento muy agradecido de tener aquí conmigo a mi compañero desde hace catorce años, Michael, que será un gran activo para nuestro país. Él ha asumido el compromiso de representar lo

mejor del arte y la cultura estadounidenses ante España, Europa y nuestros visitantes de todo el mundo.

A partir de ahí, expliqué mi pasado: mencioné mis compromisos públicos con los derechos civiles y la campaña presidencial. Expliqué la utilidad de mi trabajo en HBO para mi desempeño diplomático. Y, finalmente, enumeré mis objetivos como embajador en materia de seguridad, propiedad intelectual y negociación de los acuerdos de libre comercio en curso por entonces entre Europa y Estados Unidos.

Después de eso, siguieron los demás embajadores y yo pude respirar tranquilo.

Ya en la ronda de preguntas, el primero en intervenir fue Ron Johnson, el enemigo de los videojuegos. Y dijo:

—Quiero empezar formulando unas preguntas al señor Costos...

Me aterró. Pensé que iba a destruirme. Que me consideraba el autor de la violencia en los cines y el corruptor de nuestros jóvenes. Que mi carrera diplomática acababa ahí mismo. Por suerte, y de modo muy profesional, Johnson ni siquiera mencionó el tema. Se ciñó a lo que nos ocupaba, y lo mismo hicieron los demás. Eso sí, debido al orden impuesto por el primer senador, yo recibí todas las primeras preguntas: «¿Cómo puede colaborar la embajada estadounidense en la salida de la crisis económica española?»; o «¿Qué planes tiene para las empresas estadounidenses en ese país, dado la alta tasa de desempleo en España?». O una de las más importantes, cuya trascendencia se siente aún hoy: «¿Ayudará usted a España a aumentar sus aportaciones a la OTAN hasta el 2 por ciento de su presupuesto, tal y como se ha comprometido en nuestros acuerdos?».

Por mi parte, yo solo me preguntaba para mis adentros: «¿Por qué a mí?».

Sin embargo, a pesar de mis miedos, tenía claras las respuestas a todas esas preguntas. Y al final, ser el primero en hablar resultó muy conveniente porque, sin quererlo, marqué el tono de la sesión. En vez de reformular yo lo que decían los demás embajadores, ellos adaptaron a sus países de destino las respuestas que yo daba, y sonaban razonables. Eso me hizo quedar bien. Otra lección de mis primeros pasos en el mundo de la diplomacia.

De vuelta en casa, revisé la grabación de la sesión para asegurarme de no haber cometido ningún error. Y por la noche, hicimos una fiesta en casa con mi familia y amigos. Como celebración, resultaba bastante prematura. En realidad, yo no tenía ninguna confirmación del Senado. Supongo que, al menos, valía como fiesta de despedida de Washington.

Ese fin de semana, Michael y yo viajamos a Grecia, nos metimos en un yate privado y nos largamos a disfrutar del Jónico con un grupo de amigos. La primera noche, bailé hasta las cinco y media de la madrugada, supongo que para descargar la tensión de los meses anteriores. Aunque tampoco pude descargarla toda. Seguían pasando los días y el Senado no votaba. Por momentos, creí que no votarían jamás.

Al fin, el 1 de agosto, recibí un correo que anunciaba que la cámara votaría mi nombramiento esa noche. Solo que su noche no era la misma que la nuestra, por el cambio de hora. A las dos y media de la madrugada en nuestro barco, aún quedaba mucha leña que cortar en el Senado. Todavía no se había sometido a votación el tema y la sesión entró en receso.

Yo me fui a dormir.

Abrí los ojos a las siete y media y Michael me saludó:

—Buenos días, señor embajador.

Llevaba levantado desde las cuatro de la mañana, pendiente de las noticias. Pero no había querido despertarme.

19 de junio de 2014. Recepción en los salones del Palacio Real tras el acto de proclamación del rey Felipe VI. © Povedano

Paseando por uno de los lugares más bonitos de Madrid, la Casa de Cisneros en la plaza de la Villa. © Dewey Nicks

Noviembre de 2013. Visita de sus Altezas Reales a nuestra casa en Los Ángeles.
© EFE/Juanjo Martin

Llegada al Palacio de Santa Cruz, sede del Ministerio de Asuntos Exteriores y de Cooperación de España, para informar sobre el supuesto espionaje de la NSA a España.
© EFE/Kote Rodrigo

Mi primera visita oficial a la base naval de Rota para honrar la memoria de nuestros soldados caídos. © EFE

4 de julio de 2016. Marines honrando nuestras banderas el día de la Independencia.

#SemperFidelis. Posando con nuestros marines antes del baile celebrado en su honor.
© Diego I. Colmenares

Junio de 2015. Acto inaugural de la conferencia IN3 en el campus Google en Madrid.

Mis ángeles de Charlie españolas, siempre listas para auxiliar la embajada.
© Diego I. Colmenares

Echándonos unas buenas risas con Judith Wilner-Colmenares, mi fiel y querida asistente de la embajada. © Diego I. Colmenares

En el Cadillac oficial de la embajada, dirigiéndome a un evento.

Cena diplomática en la residencia estadounidense. Una instantánea.

En el jardín de nuestro hogar en Palm Springs, contemplando, junto a Lily, nuestra querida bandera estrellada. © Michael Mundy

Días de invierno en el Despacho Oval. Visita navideña al presidente Obama.

4 de julio de 2016. Con Michael de camino al Centro Cultural Conde Duque para celebrar nuestro último día de la Independencia, con un buen centenar de amigos.

La icónica obra de Glenn Ligon, *Double America*, expuesta en el comedor de la embajada. © Simon Watson

Orgulloso de los seis aguafuertes de James McNeill Whistler, un pintor originario de Lowell, Massachusetts, colgados en mi despacho.

Invitados en la embajada posando con la obra de Glenn Ligon.

Mi inspiración: un grupo de emprendedores *techies* de la Chamberí Valley.

A bordo del *USS Mitscher* en Ibiza.

Junio de 2016. *Limones con tulipanes*. Menú especial en ocasión de la visita de la primera dama Michelle Obama.

20 de enero de 2017. A punto de despegar en la base aérea Andrews, a bordo del *Air Force One*.

Septiembre de 2013. Último encuentro con el presidente Obama antes de hacer las maletas rumbo a España. © Pete Souza

Michael con nuestra querida Aline Griffith, condesa de Romanones, celebrando su cumpleaños en Madrid.

Junio de 2011. El increíble evento que organizamos en favor de los Obama en Los Ángeles. Ese día se abrirían las puertas que me llevarían hasta España. © Alex Berliner

Posando con los alabarderos del Palacio Real.

4 de julio de 2016. Día de la Independencia.

Fiesta del día de la Independencia. Bailando con los marines y unos cinco mil invitados más.

Michael dándolo todo en la pista de baile.

La infanta Elena y el por entonces ministro Íñigo Méndez de Vigo deseando suerte al equipo paralímpico español para los juegos de Los Ángeles. © Diego I. Colmenares

Greco, el perro diplomático que adoptamos gracias a la asociación de ayuda a los animales, ANAA.

En mi estudio de la embajada con el jefe siempre vigilándome. © Diego I. Colmenares

ACCESO PERSONAL

El país de los bares vacíos

Un día antes de marcharme de Estados Unidos, visité a Obama en el Despacho Oval. Fue un encuentro raro, la verdad. No sabía cómo decir: «Adiós, nos vemos en cuatro años, pásate un día por España». Antes de despedirme, le pedí un consejo de última hora. Él respondió:

—Escucha, James: te he nombrado por cómo eres, por tu forma de andar por el mundo, por la persona que conozco. Esa es la persona que debes ser. No vayas por ahí preguntándote cómo debería comportarse un embajador. Sigue tu pasión, tu sueño, tu manera de ser.

Fue un excelente consejo porque no era tal, sino una motivación. Yo había investigado todo lo que había podido sobre España y Andorra: su cultura, su historia y las labores de un embajador. Pero de todas maneras, no había ejercido de diplomático en mi vida. Necesitaba saber que él confiaba en mí por quien era. Y creo que no fue solo una frase de ánimo. Creo que lo pensaba de verdad.

Al final, un presidente es como el entrenador de un equipo de fútbol. Tiene que motivar a los suyos, inspirarlos, no para convertirlos en otras personas, sino para sacar lo mejor que ellos puedan dar.

No volé directamente de Washington a Madrid. Viajé primero a Stuttgart, el 10 de septiembre, para pasar dos jornadas de puesta al día con militares estadounidenses destacados en Europa y África. El viaje fue organizado por dos diplomáticos que serían muy importantes para mí: mi primer agregado militar, el capitán Gage, y mi jefa de diplomacia pública, Kate Byrnes. Por cierto, ellos se enamoraron en ese viaje y mantuvieron su amor en secreto durante todo el tiempo que trabajaron para mí. Ahora están casados, viven en Atenas, y me hace muy feliz haber tenido que ver con ello.

La verdad es que la escala me venía muy bien por razones estéticas. Como ya he dicho, me obsesionaba hacerlo todo a la perfección. Si tomas un vuelo transatlántico nocturno, llegas sin afeitar y sin duchar. Y nada más bajar del avión, comienzas a dar conferencias de prensa, a hacerte fotos y a saludar a la gente. Para evitar dar una primera impresión descuidada, resultaba muy útil volar desde Europa.

Michael me dio alcance en el vuelo a Madrid. Escogí llegar a España el día 13. En mi país, al trece se considera un número de mala suerte: los hoteles no tienen piso 13, hay una película de terror que se titula *Viernes 13* y nadie quiere hacer nada importante en esa fecha. Pero, para mí, ese número siempre funcionó bien. Era mi número cuando jugaba al fútbol en secundaria.

Además, mediados de septiembre resultaba una fecha estratégica para llegar a Madrid. Durante la primera semana del mes, los españoles aún estarían regresando de vacaciones. Y, por cierto, los estadounidenses de la embajada también, porque para nosotros el 3 de septiembre se celebra el día del Trabajo. (El resto del mundo festeja el Primero de Mayo por una huelga del siglo XIX que acabó en la revuelta de Haymarket de Chicago y dio lugar a la jornada de ocho horas. En cambio, al presidente estadounidense de esos años, Grover Cleveland, le pareció que declarar festivo el 1 de mayo sería una invitación a la revuelta socialista.)

El 13 por la mañana aterrizamos en Barajas, donde nos esperaban miembros de mi equipo de la embajada y algunos periodistas. Hicimos algunas fotos, los primeros saludos y una breve declaración antes de trasladarnos a la residencia, que está pegada a la embajada, en el barrio de Salamanca —la puerta de la embajada da a la calle Serrano; la de la residencia, al paseo de la Castellana—. Desde ahí, grabé un mensaje de saludo a España y ofrecí un cóctel para mi equipo ejecutivo. A lo largo de esas actividades fui conociendo a Luis Moreno, mi número dos en la embajada, quien durante los meses siguientes resultaría fundamental para mi aterrizaje en el mundo diplomático.

Ese día no hice más porque otro detalle estratégico había sido llegar un viernes. Así, podría deshacer las maletas durante el fin de semana y comenzar a trabajar el lunes.

El sábado, Michael y yo hicimos un tour por Madrid. Aunque yo había pasado las vacaciones varias veces en Mallorca, nunca había visitado la capital. Y nuestra primera visita no fue normal. Cuando eres el embajador, no puedes moverte con libertad. No decides a dónde vas ni cuándo. Tus desplazamientos deben adaptarse a los protocolos de seguridad. Y olvídate de improvisar. Nada se sale nunca de los planes.

Nos limitamos a mirar desde la ventanilla del coche. Visitamos —más bien contemplamos— el Palacio Real y los sitios turísticos más importantes. Sí que entramos en el Museo del Prado en una visita guiada. Para entonces, Michael y yo llevábamos tanto tiempo encerrados en el coche que tuvimos que entrar corriendo en el baño.

Ya estábamos ahí, cada uno dentro de su cubículo, cuando oímos que una mujer entró. Ella no nos vio, pero yo a ella sí. Y entonces reparé en que en esa habitación no había urinarios. Nos habíamos metido en el lavabo de mujeres. Y, bueno, nadie había entrado a sacarnos de nuestro error... porque nadie saca de su error al embajador de Estados Unidos.

Mientras esperaba que la mujer se marchase y rogaba por que Michael no saliese antes de tiempo del retrete, me puse un poco paranoico e imaginé rumores a nuestro alrededor: «El embajador gay de Estados Unidos usa los baños de mujeres. ¡Qué extravagancia!».

Por suerte, nadie nos vio. Pero ese no sería mi único error en la embajada. Ni siquiera el único de ese fin de semana.

Para cenar, pedimos a la embajada que nos reservase una mesa en el bar Tomate de Chamberí. Michael había estado googleando la ciudad y ese parecía un lugar agradable y cercano donde comer cocina fresca y mediterránea, incluso orgánica. Además, teníamos expectativas muy altas sobre la alegría de Madrid, esa ciudad famosa porque nunca duerme, donde los bares y restaurantes siempre están llenos... o eso nos habían dicho.

Cuando llegamos, resultó que éramos los únicos clientes del lugar. Cenamos tan rápido como pudimos. Teníamos la sensación de estar comiendo en un cementerio o algo peor. En los cementerios se supone que hay almas. Aquí no había ni una.

Al día siguiente, decidimos hacer el *brunch* en el Ritz. Seguramente, la ciudad andaría más animada de día. Los domingos son jornadas de fútbol, de sacar a pasear a los niños y hasta de ir a misa, así que pusimos todas nuestras esperanzas en encontrar seres humanos.

Una vez más, el lugar nos recibió vacío. El bufet rebosaba de comida: ensaladas, postres... Los camareros nos recibieron perfectamente uniformados. Pero todo ese despliegue, hasta donde podíamos ver, había sido montado para... dos personas. Parecía el hotel de *El resplandor* de Kubrick.

Solo había una explicación: la crisis. España vivía su peor coyuntura económica en más de treinta años de democracia y, evidentemente, la gente no tenía dinero para salir. Me sentí desolado por que la falta de dinero estuviera asfixiando las ganas de vivir de esa ciudad.

Sinceramente preocupado, pedí hablar con el gerente, Christian Tavelli. Él salió a saludarnos. Durante nuestra breve conversación, me armé de tacto y deslicé la pregunta:

—¿Cómo está la ocupación del hotel en estos días? ¿Tienen huéspedes?

—El hotel está lleno, embajador. No queda ni un milímetro libre.

—¿Y dónde está todo el mundo? ¿No comen?

—Bueno, sí comen, pero a las dos. Con todo respeto, la embajada anunció que usted quería venir a las once y media y hemos abierto solo para usted.

—¿Abren a las dos?

Primera lección: en Estados Unidos se cena a las siete y media y se come a las once y media o las doce del mediodía. En España, la vida ocurre dos horas después.

Segunda lección, y aún más importante: al embajador de un país tan grande, la gente le concede los deseos. Dices que quieres cenar a las siete y media en el bar Tomate o comer a las once y media en el Ritz y nadie te pregunta ni te discute. Alguien llama al lugar y anuncia que el embajador desea que abran para él y ellos abren. El mundo se acomoda a ti. Si te descuidas, puedes acabar viviendo en una burbuja. Pero eso era precisamente lo contrario de lo que me había pedido Obama aquel 4 de julio bajo los fuegos artificiales. Mi labor era acercarme a los españoles, no aislarme de ellos.

A partir de entonces, traté de actuar como una persona lo más normal posible. Rara vez hice reservas a mi nombre. Me bajaba del coche oficial una calle antes del restaurante para llegar caminando. Viajé por todo el país en tren, un medio que favorece el contacto con las personas. Traté de ofrecer el acceso más personal posible al embajador.

Me atrevo a sospechar que el trato palaciego a los embajadores también está relacionado con una característica que encontré con frecuencia a lo largo de los siguientes años: la inseguridad —totalmente injustificada— de los españoles respecto a otros países europeos y a Estados Unidos. Muchos españoles sienten —frecuentemente, sin base alguna— que fuera de su país las cosas se hacen mejor. Eso resulta muy extraño para un estadounidense. Nosotros venimos de una cultura que te obliga a vender todo el tiempo tus méritos: «*Yo* hice esto», «*Yo* triunfé en tal cosa», «*Mi* producto es genial»...

Los españoles, en general, tienen una actitud más modesta y, durante mi tiempo en la embajada, me encontré infinidad de veces diciendo: «Ustedes trabajan muy bien. ¡Tienen que saberlo y afirmarlo! ¡Si ustedes mismos no se muestran seguros de su calidad, nadie lo hará!».

En parte, la humildad española se debe a clichés históricos que se siguen repitiendo a pesar de haber sido ampliamente superados por la realidad. Pero también lo considero una forma de cortesía. Un español no quiere resultar ofensivo, ostentoso o demasiado directo. No te impone sus triunfos porque valora los tuyos.

Así que el lunes después de mi llegada, mi primera labor en la embajada fue reunir al equipo de protocolo, Marta, Bea y la pequeña Marta, que siempre hacían todo a la perfección, y les pedí:

—Avísenme cuando solicite algo raro. Si la hora o cualquier otro detalle no son normales, díganmelo. Porque no quiero tratamientos especiales. Todo lo contrario. Quiero hacer las cosas como las hace la gente de aquí. Y de ninguna manera exijo abrir los restaurantes solo para mí.

Supongo que ese requerimiento sonaba de por sí bastante raro. En fin, formaba parte de un estilo diferente de hacer las cosas. Formaba parte de quien era yo.

Solo cuando me acomodé al desfase horario descubrí el verdadero Madrid. Me perdí muchas mañanas por el rastro, descubriendo joyas ocultas o escogiendo cojines de colores en el Tailak. Merodeé por el Museo Sorolla, cercano a la embajada, o por el Museo Naval del paseo del Prado, que guarda los recuerdos de un pasado común entre España y Estados Unidos. Me escapé a tomar martinis al bar del Ritz o a recorrer exposiciones en las naves del Centro Cultural Matadero.

Sí que había crisis y desempleo, pero la gente en esta ciudad rebosa ganas de socializar y disfrutar. Comen. Beben. Salen. Gozan. Tratan de sacar la mejor vida posible incluso en la peor situación. Madrid es la última gran capital europea que disfruta de calidad de vida, como en los viejos tiempos. Los estadounidenses crecemos presionados por tener más. Estamos configurados para querer más. En Estados Unidos, siempre necesitas más dinero para comprar más cosas y tener casas más grandes. En Madrid, conocí productores que hacen vinos o quesos maravillosos, pero no quieren industrializarlos. Son felices haciendo esa cantidad precisa de vino o queso. Encontré un sastre extraordinario, Calvo de Mora, al que quería encargar más trajes, pero él no iba a forzar la máquina. Prefería salir de vacaciones, dormir la siesta, ir a comer... Porque le daba igual el negocio. Era sastre por pasión.

Durante mi gestión, todos los meses de agosto, yo me negaba a tomarme cuatro semanas de vacaciones. Me parecía impensable. Permanecía tercamente en mi despacho, trabajando como un esclavo estadounidense, hasta que descubría que daba igual: no había nadie en la ciudad a quien llamar. Todos se habían marchado. Y si encontraba a alguien al teléfono y le hablaba de trabajo, la respuesta era siempre igual: «Estoy de vacaciones ¿No puedes esperar a septiembre?».

Supongo que esa actitud hacia la calidad de vida tiene que ver con cierto desprecio cultural por el dinero. Los estadounidenses suelen enseñar sus posesiones. Por la calles de Los Ángeles circulan Bentleys, Rolls Royce, Maseratis. Los europeos prefieren la discreción. Siempre me ha llamado la atención cómo familias muy ricas españolas viven en casas que no se ven desde el exterior y ocultan su nivel de vida. Uno supone que debe haber Ferraris en España, por ejemplo, pero no los ve por la calle.

Todo esto implica una manera de pensar maravillosa y totalmente nueva para alguien que viene del otro lado del océano: aquí la vida no está hecha para ganar dinero sin parar. Está hecha para vivirla.

Desde mi llegada, encontré inspiradora esa manera de pensar. La fuerza de Madrid estaba hecha de energía, creatividad, placer. Y todo eso, como explicaré a continuación, resultaba muy aprovechable para mi proyecto como embajador.

La diplomacia de la pista de baile

Mi obsesión, de entrada, era marcar el nuevo tono de la representación estadounidense en Madrid: primero, entre mi propio personal; luego, ante las autoridades españolas; y, finalmente, en la sociedad del país que me recibía.

Durante el primer mes me reuní con los ministros de Exteriores y Defensa, el presidente de la Comunidad de Madrid, la alcaldesa de Madrid, el líder de la oposición y, por último, el 15 de octubre, con el presidente Mariano Rajoy. También vi a casi todos los ministros del Gobierno. En ese momento, negociábamos el Tratado de Libre Comercio entre Europa y Estados Unidos, que involucraba a prácticamente todos los sectores comerciales del país: Agricultura, Energía, incluso Cultura —por los temas de propiedad intelectual—, tenían cosas de que hablar con nosotros.

La primera reunión siempre es la mejor, porque aún no has hecho nada, así que todo se plantea en positivo. Es como la primera cita: el encuentro en que conoces a la otra parte, la calas —y te cala— y todos destacamos los aspectos más beneficiosos de nuestra relación.

En esos casos, yo siempre llevaba un regalo. El más frecuente, un libro sobre fray Junípero Serra, el franciscano que fundó las misiones de California en el siglo XVIII y que, por lo tanto, en cierto sentido, fundó California cuando ese territorio aún pertenecía al virreinato de la Nueva España. El libro sobre el padre Serra me permitía mostrar la influencia española en mi país y, además, tenía un significado especial para mí: el padre Serra era mallorquín y yo había tenido mis primeros contactos con España ahí. Él se había quedado en California y, trescientos años después, yo llegaba de California. Incluso acuñé en mi medalla oficial de embajador su lema: «Siempre adelante juntos».

Estas cosas pueden parecer detalles tontos en el marco de la gran política internacional, pero cuando las cosas se ponen complicadas —y como contaré más adelante, a veces se pusieron—, mostrar respeto y aprecio hace más sencillo resolver las diferencias.

Ahora bien, para que una relación de cualquier tipo funcione, debes tener algo bueno que ofrecer. Mi cercanía con los Obama ayudaba mucho a conseguir la visita del presidente a la Casa Blanca, así que, nada más llegar, ya tenía un gran proyecto para España. En las primeras semanas, también ofrecí en la residencia mi primera entrevista al diario *El País*. Y presenté credenciales al rey Juan Carlos.

Una vez establecidas las bases de mi trabajo político, comencé a pensar en la proyección social de la embajada. Para nuestras primeras recepciones oficiales, yo todavía no conocía a mucha gente en la ciudad. El equipo de protocolo de la embajada elaboraba listas de unos trescientos cincuenta invitados, la mayoría de ellos militares, políticos y hombres de negocios. Michael y yo nos colocábamos en la puerta e íbamos saludando en fila, estrechando manos y sonriendo para las fotos, mientras mi ministro consejero, Luis Moreno, que siempre estaba a mi lado, nos presentaba. A continuación, yo decía unas palabras. Todo según la tradición.

Poco a poco, comencé a hacer pequeños cambios, como la comida en esas cenas y reuniones. Parece un detalle sin importancia, pero formaba parte de una política presidencial. En esos años, uno de cada tres adultos y uno de cada seis niños estadounidenses sufrían sobrepeso. Michelle Obama había abrazado la causa de la alimentación sana, promoviendo una información completa en el etiquetado de los productos, cambiando el menú de las escuelas y aumentando el acceso de las personas a frutas y verduras, incluso en las grandes superficies. Para visibilizar su trabajo, cultivaba un huerto en la Casa Blanca, en el que trabaja personalmente y al que invitaba a niños de colegios cercanos.

Michael y yo evitamos en lo posible la carne, no solo por sus efectos en la salud, sino también debido a nuestra pasión por los animales y a nuestra voluntad de ahorrarles sufrimiento. En línea con los valores de la primera dama, cultivamos un huerto en los jardines de la residencia y llevamos a trabajar en él a niños con problemas de aprendizaje de la Fundación A LA PAR.

En este asunto, resultaba crucial tener un chef capaz de ser mucho más que un chef. Al viajar a Madrid, yo había previsto llevar al cocinero de nuestra casa, Chris Kidder, un mago de la cocina orgánica de proximidad, pero Michael se había negado en redondo porque él seguiría viviendo en Los Ángeles y no pensaba perder a Chris. Por suerte, nuestro chef nos recomendó a un colega suyo que vivía en España. Se llamaba Byron Hogan. Yo le hice a Byron una prueba en casa de una amiga, una especie de casting de platos, y su talento resultó estratosférico.

Byron se convirtió en nuestro chef ejecutivo y encajó a la perfección la dimensión social que necesitábamos. Sembraba y cosechaba las hortalizas con los chicos de la fundación y luego los llevaba a cocinar con él. Cuando servíamos la cena o los canapés de cualquier recepción, anunciábamos: «Esta comida ha sido cultivada en nuestro propio huerto».

Y hablábamos de la fundación, del trabajo de Michelle, de la solidaridad. Era una forma de dejar una huella positiva en la sociedad que nos rodeaba, a la vez que promocionábamos los valores de la presidencia. Y, por supuesto, en sintonía con la pareja presidencial, una forma de predicar con los hechos, de vivir de acuerdo con nuestras palabras.

La cocina es un punto de encuentro fabuloso. La gente conecta más profundamente en la mesa que en la oficina o en los discursos públicos. Aparte de Byron, teníamos una cocinera de estilo español, Rosita. Dos personas cuyas vidas no se habrían cruzado en ningún otro lugar, ahí aprendían la una de la otra.

Tomando como ejemplo esa dinámica, nuestra cocina se convirtió en un espacio abierto al mundo: cuando vino Martha Stewart, le organizamos un encuentro con jóvenes estudiantes inmigrantes que aspiraban a convertirse en chefs en nuestros propios fogones. Incluso abrimos la embajada para grabar una final de *MasterChef Junior*, con Jordi Cruz y todo el equipo. El reto de los niños consistía en preparar una cena para mí y mis invitados, que eran ministros y diplomáticos. Y debo decir que el programa tuvo una audiencia masiva.

En 2016, para posicionarse contra la xenofobia y la intolerancia, Obama se convirtió en el primer presidente estadounidense que visitaba una mezquita en nuestro país. Le parecía importante transmitir el mensaje de que no es lo mismo el islam que el yihadismo. Debería ser obvio, pero siempre hay mucha gente deseosa de manipular la verdad y extender los comportamientos de unos inadaptados a toda una comunidad.

Para dar eco a la iniciativa del presidente, Byron y yo contactamos con la comunidad islámica de Madrid. Ellos nos abrieron la puerta de una casa y Byron acudió a ofrecer una clase magistral de catering para enseñar a los asistentes a emprender negocios. Además de la parte formativa, lo pasamos muy bien. Todos juntos cocinamos platos que luego les fueron servidos a nuestros invitados de la embajada.

Viendo que la cocina funcionaba, me animé a inventar nuevas iniciativas. Según pasaba el tiempo y me sentía más seguro en el cargo, fui concibiendo más ideas, cada vez más radicales, para integrar la embajada en la sociedad española.

El mundo diplomático es muy pequeño: en todos los eventos que celebrábamos, siempre veíamos a las mismas personas: el ministro Fulano, el general Mengano, el gerente Perengano... El sistema establecido me mantenía apartado de la maravillosa diversidad española que yo quería experimentar.

Y es que las embajadas, por lo general, solo reciben al poderoso, al dinero, a la punta de la pirámide social. El poder no quiere ver a otras personas. Pero en una democracia debería hacerlo. Debería oír las voces de los ciudadanos si pretende contribuir a resolver sus problemas.

Decidimos abrir la embajada a la sociedad, como los Obama habían hecho con la Casa Blanca. Y ¿cómo se hace eso? Pues igual que ellos: con fiestas.

Michael contrató como asistente a María García de la Rasilla, nuera del exrey de Bulgaria, y poseedora ella misma del título de princesa de Vidin. María conocía a todo el mundo. Podía llamar a la baronesa Thyssen o a la duquesa de Alba. Y, sobre todo, trabajaba con exquisita discreción, sin estorbarse con el personal de la embajada. Era la persona que necesitábamos.

Además, yo recluté personalmente a Zach Portilla: primero como asesor personal y luego como enlace con la embajada, con el cargo de jefe de gabinete y mano derecha. Zach formaba parte de la hornada de homosexuales que el presidente Obama había promovido en el Estado. A sus veintisiete años, ya había trabajado en la Casa Blanca y entendía perfectamente el concepto de «casa abierta» que deseábamos adaptar a la embajada. Por cierto, poseía un gran magnetismo personal. Brillaba tanto que una publicación española llegó a nombrarlo uno de los mejores partidos gais junto con Ricky Martin. Eso fue divertido.

Por último, reclutamos a una nueva jefa administrativa del despacho. El Departamento de Estado nos propuso a cinco candidatos y al final me quedé con Judith Wilner-Colmenares. Sobre el papel, ella era la más joven y la menos cualificada de los postulantes. Sin embargo, en nuestra entrevista telefónica, la sentí mucho más receptiva a mi estilo que los demás. Muchos funcionarios tienden a sobreproteger —y por tanto, aislar— al embajador. En cambio, ella entendía que mi proyecto consistía en todo lo contrario. No me equivoqué en mi decisión. Y para ella, el cambio de lugar representó un importante ascenso.

De mano de estos colaboradores, empezaron a llegar a nuestras recepciones y cenas invitados provenientes de otros campos: las artes, el cine, la moda. Invitamos a Adrián Lastra, a Antonio Velázquez y a Miguel Bosé; a Amaia Salamanca y Javier Cámara; a Boris Izaguirre; a empresarios jóvenes. Dvicio y Concha Buika se presentaron en directo. Diego, a quien llamo mi Pete Souza personal, fue nuestro fotógrafo de la embajada y documentó todo nuestro trabajo, tomaba las imágenes de los invitados con los retratos de Obama, bailando con los marines o durante mis discursos.

Antes de enviar las invitaciones, yo pasaba revista a la lista de asistentes poniendo a cada uno en una categoría: N para los representantes de los negocios, M para los militares, A para los artistas, S para los sibaritas. Así me aseguraba de tener la combinación perfecta en cada ocasión, como quien mezcla un cóctel.

Las fiestas más grandes, como corresponde, eran las del Cuatro de Julio. Hasta mi llegada, el día de nuestra independencia se celebraba en la residencia misma, pero ahí no cabía suficiente gente y los invitados acababan conversando en el aparcamiento. Además, debido a la forma del terreno, resultaba imposible tener un núcleo central desde donde dirigirse a los invitados. Por suerte, mi equipo descubrió el centro cultural Conde Duque, que acababa de pasar por una gigantesca reforma. En el Conde Duque era posible reunir a cinco mil personas frente a un escenario para números musicales. Durante mi periodo, se celebraron allí tres fiestas nacionales: la primera estuvo dedicada a Chicago, lugar de origen del presidente Obama; la segunda y la tercera, a iconos de Estados Unidos donde, además, yo pudiese tener contactos para hacerlo bien: Nueva York (específicamente, Broadway) y Los Ángeles.

Pero si hubo una fiesta que marcó el cambio de estilo fue la de nuestro primer aniversario en Madrid, el 26 de septiembre de 2014. Esa noche hicimos lo nunca visto. Llamamos a un DJ y transformamos la entrada de la residencia en una pista de baile. La fiesta duró hasta las cuatro de la madrugada. Michael y yo nos fuimos a dormir como a las dos, pero dejamos a todo el mundo bailando abajo. Habían llegado unos quinientos invitados. Funcionarios de la Moncloa, miembros de la Casa Real y, por supuesto, empresarios, militares, musulmanes, emprendedores, artistas y, muy importante, el colectivo LGBTQ. El diario *El Mundo* comentó la ocasión así:

> Pareciera que el embajador hubiese utilizado la lista de los 50 gais más influyentes para mandar las invitaciones. Allí estuvieron el empresario Jesús Encinar, la galerista Topacio Fresh (de la que el embajador dijo estar encantado de conocer), el doctor Eduardo López Collazo, Francisco Polo, creador de la plataforma change.org, el periodista Paco Tomás o el director de teatro José Martret.

Uno de esos invitados, López Collazo, definió la fiesta en la prensa como «el sueño de Oscar Wilde. Por una vez todos los homosexuales podían mostrarse tal cual eran con sus parejas en un ambiente tan influyente al que antes no hubieran tenido acceso».

Mi amigo Liam Aldous, corresponsal de *Monocle* en Madrid, acuñó un nombre para todo eso: *dance floor diplomacy* («la diplomacia de la pista de baile»). En verdad, funcionaba. Después de las fiestas, me llegaban los comentarios de personas que se habían conocido en la residencia: «Me he hecho socio de alguien que encontré en tu casa»; «Me he enamorado de alguien que encontré en tu casa»; o «Ni siquiera sabía que tal persona vivía en Madrid. ¡Es genial!».

Sin embargo, estábamos corriendo riesgos. Toda innovación es un riesgo. Desde el primer momento, encontré oposición a mis planes. Bueno, «oposición» es una palabra leve. Más bien, saltaron todas las alarmas de la tradición.

Al principio, se sintieron incómodos algunos invitados. Ellos no querían sentarse a una mesa junto a alguien que no fuese «suficientemente importante». El poder quiere sentarse con el poder. A muchos empresarios o políticos no les apetece hablar con gente que venga de las artes y la creación, porque no van a hacer negocios con ellos.

Aquí debo hacer una honrosa excepción con los militares. En contra lo que pueda parecerle a mucha gente, creo que el personal militar de la embajada, y sus homólogos españoles, fueron los que más disfrutaron del cambio de estilo. Ellos ya llevan una vida cotidiana muy rígida y disciplinada, así que, si se aprueba oficialmente pasar un buen rato, lo aprovechan. Y saben pasárselo muy bien.

Más adelante, las quejas comenzaron a llegar de la propia embajada. En mi equipo había gente que llevaba décadas en el Departamento de Estado y consideraba que los protocolos eran inamovibles. Algunos de ellos cuestionaban mis motivos. Me acusaban de invitar a gente «frívola» para llamar la atención. En realidad, yo solo quería que la gente se conociese. Que la embajada se convirtiese en un centro de irradiación de energía e intercambio entre personas de todos los niveles. Que Estados Unidos fuese un lugar acogedor, inspirador y divertido en vez de una sesión de directorio.

Finalmente, las críticas llegaron a la prensa. Un diario digital —bastante homófobo— llegó a titular: «En el país de los seis millones de parados, James Costos y su "marido" organizan una gran fiesta gay en la embajada de EE. UU.».

Ese tipo de titulares pretendían generar odio gratuito hacia los gais pintándolos como inadaptados e insensibles al sufrimiento social. Pero no tenían sentido. ¿Comprender la gravedad del desempleo impide celebrar los derechos de las minorías? Más bien lo contrario. Y, por cierto, aún no sé si lo de «marido», así, entre comillas, era escarnio o pura falta de información. Michael y yo no estamos casados.

Los comentarios de la prensa me obligaron a reunir al equipo ejecutivo de la embajada y dejar claro el punto:

—Forma parte de vuestras funciones explicar a las personas de ahí fuera lo que hacemos aquí. Porque nada en estas fiestas es gratuito. Cada detalle tiene un propósito. Cada invitado en estos eventos viene por una razón. Nuestra manera de enfocar la vida social no es un capricho, sino una estrategia diseñada para mejorar la percepción que se tiene de nosotros.

Pero para que ellos se lo contasen al mundo, yo mismo tenía que explicarlo primero. Y dediqué mucho tiempo a ello. Las críticas de la prensa me habían hecho notar que estaba cometiendo varios errores de comunicación interna. Pensaba que el personal de la embajada comprendía mis ideas. No tuve en cuenta que mi estilo de gestión resultaba muy extraño para el Departamento de Estado.

A mí no me gusta ser un jefe dictador. Prefiero plantear los objetivos y dejar que los miembros del equipo busquen sus propias formas de alcanzarlos, sin que yo esté encima de ellos. De ese modo, consigo lo mejor de cada cual. Y como todos se sienten responsables del éxito, aprovecho la fuerza, la creatividad y el talento de todo un colectivo. No me limito a mis capacidades.

En cambio, la burocracia funciona verticalmente. Las personas emiten y reciben órdenes. El Estado no alienta la capacidad de pensar, porque pensar implica arriesgar. Pero, si algo sale mal, solo dimite el jefe.

Después de muchas conversaciones, mi relación con el equipo mejoró mucho. Algunos estaban fascinados de hacer algo nuevo y de aprovechar potencialidades en las que nunca habían pensado.

Otros, por supuesto, no quedaron convencidos. Ni lo estarían hasta el final. Y me lo harían sentir. Preferían no participar en mis iniciativas. O expresaban su descontento a media voz. Por lo general, mis aliados me traían los comentarios que otros hacían sobre mí, e «inapropiado» era la palabra más repetida.

Y, sin embargo, cada cosa que hacíamos tenía un propósito y estaba alineada —cuando no clonada— con la política y el estilo del presidente Obama. Me pregunto qué piensan esos críticos de mi trabajo ahora, cuando la presidencia no tiene ningún estilo y la mayoría de sus funcionarios tienen que adaptarse a las declaraciones extemporáneas e incluso los tuits de su impredecible jefe.

El rey cansado

Vivimos en tiempos informales. Preferimos lo práctico a lo elegante y ya ni los presidentes se ponen corbata todo el tiempo. No obstante, la presentación de un diplomático en España conserva el brillo del siglo XVIII. Parece una película histórica. Una superproducción.

La ceremonia comienza cuando el embajador recién llegado se desplaza al Palacio de Santa Cruz, sede del Ministerio de Relaciones Exteriores, donde entrega las copias de estilo de sus credenciales al introductor de embajadores. Las credenciales son básicamente los documentos con los que un Gobierno extranjero solicita al jefe de Estado aceptar a su representante. Para la ocasión, los diplomáticos españoles llevan un antiguo uniforme que incluye un sombrero y un sable. El embajador extranjero va en frac, con corbata y chaleco blancos.

A continuación se inicia el traslado de Santa Cruz al Palacio Real, que se realiza en carroza isabelina tirada por caballos, con palafreneros, lacayos y cochero vestidos a la usanza de Carlos III. La carroza lleva al embajador a través de la plaza Mayor, escoltada por un batallón de jinetes con penachos. Las calles del centro se cierran durante el trayecto y si el ocupante de la carroza mira por la ventanilla, le parece haber viajado siglos atrás en el tiempo.

Al entrar en el Palacio Real, la guardia toca el himno nacional del embajador. Se trata de un momento muy solemne sobre el que gravita todo el peso de la historia.

Después de subir las imponentes escaleras del palacio, el rey recibe al embajador en la cámara oficial, ricamente decorada con alfombras y cortinajes, junto con el jefe de la Casa Real y el ministro de Exteriores. Hay que inclinar la cabeza al entrar y al llegar donde Su Majestad, presentarle a algunos miembros del equipo diplomático y entregarle las credenciales originales. Por último, monarca, ministro y embajador se retiran a una habitación contigua, donde sostienen una breve charla acerca de las relaciones bilaterales.

Lamentablemente, yo me perdí todo eso.

El día de mi presentación de credenciales, el 24 de septiembre de 2013, el rey Juan Carlos I se encontraba débil de salud física... y política. La monarquía atravesaba su peor momento desde el regreso a la democracia. Las acusaciones de corrupción contra Iñaki Urdangarín, yerno de Su Majestad, habían dañado la credibilidad de la institución. El propio monarca había perdido popularidad tras su participación en una cacería de elefantes, un pasatiempo demasiado suntuoso en medio de la crisis que azotaba el país, por el cual se había tenido que disculpar públicamente. La población española, en general bastante decepcionada de todos sus líderes, cuestionaba en voz alta a la familia real. Y se abría el debate, hasta entonces impensable, sobre la abdicación de Juan Carlos I.

Por si fuera poco, la cadera de Juan Carlos estaba muy maltrecha. El monarca había tenido que pasar por el quirófano una y otra vez, abandonando viajes y actividades oficiales. Para el día de nuestro encuentro, llevaba cuatro operaciones.

Generalmente, en cada ceremonia de credenciales el rey recibe a entre cuatro y seis embajadores. Pero cuando me tocó a mí, ese hombre se había pasado enfermo buena parte del año. Durante ese tiempo, se habían acumulado unos treinta diplomáticos esperando turno. De hecho, ese mismo día, Juan Carlos tenía que entrar a su quinta cirugía. Así que se improvisó una presentación de credenciales exprés.

No asistí al Palacio Real, sino a la Zarzuela. No llevé frac; fui vestido con un simple traje y corbata. Y por supuesto, no llegué en carroza. La ceremonia sería rápida y funcional. Su Majestad recibiría a los embajadores en orden de llegada al país. Como yo acababa de aterrizar, me correspondía el último puesto de la fila.

Cuando llegó mi momento, me encontré por primera vez con Juan Carlos I de España, el monarca que representaba la mejor España de la historia, la de la democracia y la prosperidad. Pero el hombre que apareció ante mí era un rey cansado, dolorido, agobiado por su propio peso. A sus setenta y cinco años, se apoyaba en dos bastones para dar cada paso y todo movimiento le causaba dolor.

Le transmití los saludos del presidente Obama e intercambiamos algunas formalidades. Cuestión de minutos. Ni siquiera nos sentamos. Le di las credenciales y eso fue todo. Él debía de sentirse agotado después de treinta conversaciones iguales y, sobre todo, después del año y medio que llevaba. Inmediatamente después, yo volví a mi residencia y Juan Carlos I se marchó a la clínica.

La abdicación de Juan Carlos se hizo pública casi un año más tarde, cerca del día del Padre. Yo aproveché esa fiesta para tomarme unos días libres en mi casa de Palm Springs e invité al presidente Obama a visitarme y jugar al golf.

Palm Springs, un remanso del desierto de California, se hizo famoso en el siglo XX como el lugar de descanso de Hollywood. Allí, Elvis Presley pasó su luna de miel y Frank Sinatra tenía su segunda residencia. El paisaje es tan bello que el presidente Obama declaró zona protegida 730.000 hectáreas de ese territorio (protección que Donald Trump está revirtiendo para entregar el paisaje a la minería y el comercio, porque no puede dejar en pie nada bueno).

Situado en lo más alto de una urbanización, el terreno de nuestra casa domina todo el valle, rodeado únicamente por el desierto, que le transmite una atmósfera de pacífico silencio. Es tan genuinamente salvaje el entorno que siempre cerramos las puertas, porque, si nuestros perros se escapan, pueden acabar devorados por los coyotes. Pero no hay peligro dentro de casa, claro, salvo el riesgo de relajarse demasiado. El hipnótico paisaje parece transformarse cada vez que lo observas, y el clima, durante la mayor parte del tiempo, alcanza la temperatura exacta del cuerpo. Tenemos una piscina y un campo de tenis, todo decorado con calendarios aztecas e ídolos mayas, pero nunca olvidamos izar la bandera estadounidense, la más alta del valle.

Cada una de nuestras habitaciones de invitados es prácticamente un apartamento independiente. Sin embargo, cuando vienen los Obama, se quedan en la más cercana a nuestra propia habitación, una joya decorada en tonos verdes y blancos, con bañera dentro de la habitación y cama con dosel. Desde su balcón privado, solo se ve el desierto y uno cree encontrarse en medio de la nada.

Durante la visita del día del Padre, en cuanto encontré la oportunidad, le sugerí al presidente:

—Tú conoces a Juan Carlos. Deberíamos hablar con él.

De hecho, Juan Carlos había conocido a todos los presidentes de Estados Unidos desde Kennedy, convirtiéndose en un activo muy importante de las relaciones bilaterales. En febrero de 2010, durante el Gobierno de José Luis Rodríguez Zapatero, había comido con Obama en la Casa Blanca. En esa ocasión, ambos habían hablado mucho sobre América Latina, y Juan Carlos había sido determinante para los planes de Obama de descongelar las relaciones con Cuba.

En recuerdo de ese encuentro, Obama aceptó llamarlo.

Los mandatarios de Estados Unidos no llegan a una casa y piden prestado el teléfono. Cuando un presidente viaja, lleva consigo toda una infraestructura, que incluye las cosas más inimaginables, entre ellas, cristales antibalas, un camión de bomberos y un médico con bolsas de sangre de su tipo.

El equipo de Obama —unos cuarenta trabajadores y miembros del servicio secreto— llegaba días antes que él y prácticamente montaba una reforma para instalar todos los artilugios. Justo antes de que el presidente apareciera, todos ellos se volatilizaban. Como nuestra casa está cerca del aeropuerto de Palm Springs, solíamos ver el *Air Force One* al llegar, tan grande que parecía a punto de aterrizar en nuestro jardín. Y en cuestión de minutos, todos los intrusos se desmaterializaban. Obama llegaba solo con su asistente personal y un discreto guardaespaldas que debía permanecer siempre en contacto visual. Siempre nos preguntamos si él sabía todo lo que había ocurrido antes de su llegada.

En fin, entre la parafernalia presidencial hay siempre un equipo de comunicaciones porque todas las conversaciones presidenciales deben estar protegidas y, a la vez, vigiladas. Ese fin de semana, el equipo de Obama montó su sistema en nuestro salón y ahí mismo, aún en pantalón corto de golf, el presidente habló con el rey:

—Su Majestad, estoy con James Costos, nuestro embajador en su país. Y queremos saludarlo en este momento de cambio por su histórico reinado. Debo agradecer su firme promoción de la democracia en España y su compromiso con las relaciones transatlánticas. La amistad entre nuestros países es muy estrecha y seguiremos ahondándola bajo el reinado de su hijo Felipe.

Estábamos formando parte de un punto de giro de la historia española y, por lo tanto, occidental. Eso era uno de los aspectos más fascinantes de mi época como embajador: encontrarme en casa, con mis perros, descansado, y que los cambios del mundo se presentasen en el salón.

Aún guardo una foto de ese instante: está en blanco y negro, lo que realza su seriedad, aunque nuestro aspecto en sí parece bastante informal. Aparezco yo, descalzo y medio desparramado en un sofá. Frente a mí, el presidente Obama, en pantalón corto, habla por teléfono con Juan Carlos.

Más adelante, le pedí al presidente que me firmase esa imagen. Él escribió: «Querido James, me encanta hacer historia desde Palm Springs».

Hasta ahora, tengo la foto en mi escritorio. Es una de mis favoritas.

Una película de espías (y príncipes)

En 2013, mientras yo llenaba formularios del FBI y preparaba mi discurso ante el Senado de Estados Unidos, un trabajador informático de la Agencia Nacional de Seguridad (NSA) de mi país, Edward Snowden, escapó a Hong Kong con cuatro ordenadores portátiles cargados de información clasificada.

Allí, Snowden reunió a la prensa internacional en la habitación de un hotel y explicó con todo lujo de detalles las operaciones de detección de comunicaciones que sus jefes —ahora exjefes— realizaban a objetivos de todo el mundo: números de teléfono, lugar y duración de las llamadas, números de serie de los aparatos empleados, incluso correos electrónicos y redes sociales. Era la mayor filtración de seguridad desde el caso Wikileaks.

A finales de octubre, cuando llevaba mes y medio de embajador en Madrid, el caso dio un nuevo giro. Basándose en documentos aportados por Snowden, la prensa alemana acusó a los servicios de seguridad estadounidenses de espiar a su primera ministra, Angela Merkel. Según los autores de esas informaciones, los mismos métodos podían haberse usado para observar a miembros y funcionarios de otros gobiernos de la región.

El 25 de ese mes, yo debía asistir a los Premios Príncipe de Asturias, uno de los cuales había recaído sobre la mítica fotógrafa estadounidense Annie Leibovitz. Ya estaba de camino al aeropuerto cuando recibí una llamada de mi despacho:

—Embajador, tiene que regresar a la embajada. El ministro de Asuntos Exteriores quiere reunirse con usted para exigir explicaciones sobre las escuchas a gobiernos europeos. Y es urgente. Parece que será mañana.

Apenas un mes en el cargo y ya tenía mi primera crisis bilateral. Una crisis digna de una película de espías, quizá basada en una novela de John le Carré o Somerset Maugham.

No me decidía a cancelar mi vuelo porque sabía que el ministro de Exteriores, José Manuel García-Margallo, también había sido invitado a la ceremonia de los premios. Efectivamente, justo cuando llegaba al aeropuerto, recibí su llamada:

—Tenemos que vernos —dijo Margallo—. No hace falta que suspenda usted su viaje a Asturias. Podremos sostener una primera charla ahí. Pero, cuando volvamos a Madrid, nos reuniremos de nuevo.

Eso forma parte de los protocolos diplomáticos. Se puede hablar en cualquier sitio, pero en estos casos el embajador debe asistir al Ministerio personalmente. La cita significa que el asunto es grave.

Al llegar a Asturias, me registré en el hotel y subí a mi cuarto a cambiarme para el almuerzo oficial de los premios. La puerta del ascensor se abrió. En el interior, como si me hubiese estado esperando, apareció Margallo en persona.

Todo el mundo alrededor se nos quedó mirando. Obviamente, su equipo conocía la situación y un silencio incómodo se cernió sobre nosotros. Él lo rompió mirándome fijamente:

—Tenemos mucho de que hablar.

Margallo es un hombre alto, robusto y muy seguro de sí mismo. Encontrártelo así inspira, por decirlo suavemente, un gran respeto. Yo traté de sonreír… y escapar de ese ascensor a la primera oportunidad.

Aún me sentía incómodo cuando por fin llegué al almuerzo de los premios, pero la atmósfera cambió muy rápidamente. Me estaba esperando allí un grupo de líderes del mundo financiero —entre ellos, el presidente del Citibank— a los que aún no conocía, pero que sabían de mi llegada, y me trataron con gran amabilidad. Entre ellos se encontraba Javier López Madrid. Con el tiempo, López Madrid sería acusado en la prensa y los juzgados de todo tipo de cosas escabrosas. Pero esto ocurrió antes.

Los hombres de negocios me invitaron a dar un paseo por la ciudad antigua, así, con traje y todo, y pasamos unos minutos caminando y conociéndonos: apenas un aparte para estrechar lazos al margen del barullo social.

Mientras paseábamos, un borracho de la calle me confundió con el príncipe Felipe. Quizá porque tenemos más o menos la misma edad. O porque llevábamos barba. O simplemente porque ese hombre había bebido demasiado. El caso es que, muy seguro de sí mismo —y de *mí* mismo y de mi sangre azul—, el pobre se acercó a explicarme todo lo que yo, en su concepto, debía hacer para salvar España. Fue un momento surrealista y delirante, pero en cierto extraño sentido, premonitorio. Porque de vuelta en el hotel, encontramos a Felipe y a la princesa Letizia sentados a una mesa con sus amigos. Y López Madrid me invitó a saludarlos. A los de verdad, no a la fantasía de un beodo.

Esa fue la primera vez que yo vi a Sus Altezas en persona. Y ellos actuaron de un modo sencillamente encantador. La princesa Letizia me invitó a sentarme justo entre los dos y no dejó de pasarme comida que iba combinando con sus propias manos. Tenía un gran sentido del humor y se mostraba muy preparada para su cargo. El príncipe, por su parte, era una persona extraordinariamente informada. Sabía de temas militares y económicos, de África y América, de arte y cultura, y tenía una opinión al respecto. Entre ambos fluía una complicidad divertida e inteligente. Por no mencionar lo guapos que eran. Si hubiese que rodar una película sobre príncipes, ellos se llevarían de calle el reparto.

Ese día, aparte de dejarme seducido, se portaron conmigo

como viejos amigos. Ella se burló de mi pésimo español (y se sigue burlando de mi pésimo español) y él me dijo con sorna:

—Bueno, vas a tener que dar algunas explicaciones estos días, ¿verdad?

—Sí —suspiré resignado—, ya me he encontrado con Margallo.

También hablamos de la gira por California que Sus Altezas tenían prevista ese otoño para celebrar los trescientos años de las misiones españolas, precisamente de las que hablaba mi libro sobre fray Junípero Serra. Nuestra afinidad resultó aún mayor, porque Felipe y Letizia pensaban aprovechar el viaje para conocer Silicon Valley, donde yo contaba con grandes amigos, como el entonces director ejecutivo de Google, Eric Schmidt. Evidentemente, yo viajaría al mismo tiempo que los reyes, como puente entre Estados Unidos y España. Y me alegró descubrir a unos compañeros de viaje tan curiosos y sociables.

Al terminar de comer, el príncipe me hizo una pequeña advertencia:

—A veces te puede parecer que los españoles nos ponemos muy a la defensiva. Pero, si rascas un poco la superficie, verás que disfrutamos mucho de la vida y de la gente.

Y al decirlo, él mismo me rascó el hombro. Fue un momento de gran cercanía. Y el tiempo me demostraría que tenía toda la razón.

De regreso a Madrid, sin embargo, se disipó todo el clima de compañerismo. Por decirlo así, se rompió el hechizo. El tema del espionaje figuraba por todas partes desde *The New York Times* hasta *Der Spiegel*, y rebotaba en la prensa española, dañando la imagen de Estados Unidos y alterando mucho los ánimos en la opinión pública.

El día que asistí a la reunión con Margallo, los periodistas rebosaban en la plaza de la Provincia. Al llegar al Palacio de Santa Cruz, mi coche ni siquiera se podía mover. Hasta ese momento, la prensa no me había visto la cara apenas (aún faltaba un año para mi «gran fiesta gay»). Luis Moreno iba conmigo y, cuando descendió del automóvil, los reporteros creyeron que él era el embajador y lo acribillaron a preguntas y flashes. Yo bajé por el otro lado y, cuando los periodistas comprendieron que se habían equivocado de presa, prácticamente pasaron por encima de Luis, golpeándolo con sus cámaras y micrófonos, y me rodearon para pedirme declaraciones.

Se suponía que yo debía llevar una negociación discreta.

En el interior del Ministerio, la situación no dejaba de tener un punto amenazador. Normalmente, las reuniones bilaterales se organizan con un número parejo de asistentes: dos contra dos o cinco contra cinco. Esta vez, todo se había montado con mucha urgencia, sin tiempo para andar mimando los detalles, y quedamos en inferioridad numérica. En la mesa, nos sentábamos solo tres estadounidenses y, frente a nosotros, siete españoles.

Básicamente, el Ministerio contaba con información de la prensa, que nos leyeron con todo lujo de detalles. En el aire flotaba la exigencia de una disculpa, que nosotros no podíamos ofrecer porque no aceptábamos haber hecho nada malo. La información sobre el caso Snowden era muy tosca y, generalmente, sesgada. Analizadas en detalle, muchas de sus supuestas denuncias eran muy diferentes de lo que parecían a primera vista.

Nuestro papel en ese encuentro se limitó a recordar todos los aspectos positivos de la relación bilateral y las señales objetivas de compromiso de mi país con España. La reunión duró una hora y no se llegó a ninguna conclusión. Ambas partes evaluaríamos las circunstancias antes de volver a conversar.

Al salir, la nube de periodistas seguía ahí, como un enjambre de avispas. Pero tampoco podíamos decirles nada sobre lo hablado en el Ministerio. Aparte de las fotos, no consiguieron nada ese día. Al día siguiente, aparecimos en todas las portadas. Pero los redactores podrían haber escrito sus notas sin salir de sus casas. Ahora, si repaso las imágenes de ese día, me veo sonriente. En realidad, estaba disimulando: no quería expresar ninguna emoción. No quería que nadie sacase conclusiones —o interpretaciones caprichosas— de mi expresión.

Ojalá la película de espías hubiese terminado ahí. A fin de cuentas, hasta ese momento, no había ninguna noticia específica sobre España. La información se centraba especialmente en Alemania y nada permitía prever ramificaciones hacia el sur. Pero las habría. Y muy pronto.

Durante los siguientes días, la vida siguió su curso. Y no todo eran crisis. Conforme se acercaba el viaje de los príncipes a California, la Casa Real mandó una carta a la embajada para invitarme a acompañar en el avión a Felipe y Letizia y a escoltarlos durante los cuatro días de su viaje. Al parecer, mis sentimientos por ellos durante nuestro encuentro en Asturias eran correspondidos.

En mi equipo de la embajada, todo el mundo entró en shock. Jamás de los jamases un embajador de Estados Unidos había sido invitado a viajar con la familia real. De cara a quienes dudaban de mi estilo diplomático ahí dentro, esa carta constituía un espaldarazo importante: las cosas iban por buen camino, aunque no fuesen por el camino de siempre.

En respuesta a su gentileza, les propuse a los príncipes una recepción en mi propia casa de Los Ángeles durante su viaje. Y aceptaron.

Lamentablemente, ese oasis de paz resultó muy breve. A fin de mes, la prensa destapó nuevos documentos de Snowden. Según ellos, la NSA había espiado sesenta millones de llamadas en España solo en diciembre del año anterior.

Ahora las cosas se volvían más delicadas. El Ministerio de Asuntos Exteriores español declaró: «Esas prácticas, de ser ciertas, son impropias e inaceptables entre países socios y amigos».

Fui convocado a una nueva reunión de urgencia. Aunque yo nunca había sido diplomático, sí que tenía experiencia en gestión de crisis. Tuve que emplearla toda. Multipliqué mis contactos con la Casa Blanca, el Departamento de Estado y la NSA para recabar toda la información relevante. Me presenté a la reunión en Exteriores preparado para diversos escenarios, que es lo que se hace en casos así, porque cualquier cosa puede ocurrir.

En esta ocasión, Margallo se encontraba fuera del país. Me encontré con el secretario de Estado para la Unión Europea, Íñigo Méndez de Vigo, quien pocos años después llegaría a ministro de Educación y portavoz del Gobierno. Como no se trataba del ministro, la reunión fue más breve. Y Méndez de Vigo hizo gala de un talante práctico y amigable.

Fundamentalmente, el Gobierno español pidió información sobre lo ocurrido. Y garantías de que, si surgía cualquier nueva revelación candente, Estados Unidos reaccionarían con firmeza. Lo contrario dejaría muy mal parado al Gobierno de Rajoy.

España es un aliado importante. Tenemos que cuidarlo. Y yo apacigüé los temores de Méndez de Vigo anticipándome a cualquier posible complicación futura. El deber de confidencialidad asociado a mi cargo me impide revelar las garantías que ofrecí. Pero llegamos a un acuerdo.

Al día siguiente de esa reunión, el Ministerio de Exteriores español emitió un comunicado público en que se declaraba satisfecho por nuestras explicaciones y cerraba el tema de una vez por todas. Afortunadamente, no surgieron nuevas revelaciones que tensaran nuestra relación.

Sí puedo decir que el Ministerio sabía, obviamente, que Felipe y Letizia viajarían conmigo a Estados Unidos. Sabía más: que vendrían a mi casa. Nuestra rápida amistad —su generosa confianza— ayudó mucho a resolver la tensión por el caso Snowden, porque le puso fecha límite. Al fin y al cabo, no habría sido bien visto que yo acompañase a los príncipes con una crisis bilateral abierta.

Gracias al viaje de los príncipes, restablecer las buenas relaciones entre nuestros dos países se había vuelto urgente. Y nuestro encuentro, ahora, tendría un nuevo y trascendental sentido: escenificar que la amistad entre nuestros países seguía tan sólida como siempre.

El 14 de noviembre de 2013, después de ponerse las gafas digitales de Google y de visitar la Universidad de Stanford, de homenajear a las misiones de California en Santa Bárbara y rezar ante la tumba del padre Serra en Carmel, sus Altezas Reales vinieron a mi casa de Holmby Hills para un cóctel.

Unos cien invitados los acompañaron y, aunque el tráfico de Los Ángeles nos jugó algunas malas pasadas con la hora de llegada, la ocasión fue un éxito. Asistieron Benicio del Toro, Teodora de Grecia —prima de Felipe— y Antonio Banderas, que ya conocía a la familia real porque su hermano había comprado el yate de Juan Carlos, el *Bribón*. También vinieron ejecutivos de Hollywood, jóvenes emprendedores y muchos artistas, algunos de ellos admirados por Letizia, que quería conocerlos.

Antes de entrar, atendí a la prensa. Tenía ya las respuestas preparadas porque las preguntas se veían venir: «No. Con los príncipes no hemos hablado ni un minuto de la crisis de la NSA porque no hay ninguna crisis», «No. No tengo noticias sobre una visita de Obama a España» o «Las relaciones entre los dos países son excelentes».

Cuando los periodistas se marcharon, comenzó el cóctel. Al igual que con Michelle Obama, lo planteamos como una reunión de amigos para presentarlos entre sí en una atmósfera íntima, hogareña y protectora.

Aunque esta vez, además, celebrábamos cosas que ningún otro invitado sospechaba.

El día del arcoíris

Salir del armario es una experiencia diferente para según qué personas. Cada homosexual lidia con ello a su manera, según su circunstancia. Si crecías como yo en Lowell, Massachusetts, durante los años setenta, tu problema era la falta de modelos a seguir: no había gais a la vista. Nadie para mostrarte el camino.

Hasta que terminé el colegio, solo me sentía cómodo saliendo con chicas. No se trataba de encuentros especialmente románticos. Solo amistades. Siempre me ha gustado la compañía femenina, el modo de las mujeres de moverse por el mundo, su sensualidad. Me gusta andar entre mujeres.

En cambio, los hombres me ponían nervioso, con todos sus comentarios homófobos. Los escuchaba por todas partes: en el colegio, en la calle, en boca de los compañeros de golf de mi padre. Comprender que esos insultos se referían a gente como yo me producía una gran ansiedad. Temía revelarme tal cual era y lastimar a mi familia. Así que me escondía.

Vivía en un estado de nervios. Me había apuntado al equipo de fútbol —porque era obligatorio practicar algún deporte— y ahí todos los chicos se llamaban maricones unos a otros. Si no anotabas un gol o dabas un mal pase, salía la palabra, como una pedrada en la cara, porque era la peor palabra. Solo que yo sí era maricón y, cuando me llamaban así, temía que me hubiesen descubierto.

Al principio, mi única orientación estaba en la biblioteca. Buscaba libros sobre lo que yo era para entender cómo debía actuar, para sentir que no representaba un caso único en el mundo, un fenómeno. Justo al final de la secundaria, hice un amigo como yo. Un poco más avanzado que yo, para ser exactos. Se llamaba Billy. Él me presentó a otros gais, me llevó a fiestas en Boston y me enseñó que era posible asumirme sin complejos y divertirme... en Boston.

Esa fue la razón más importante para abandonar Lowell, aunque, en vez de Massachusetts, terminé en Nueva York, como ya he contado en la primera parte de este libro. Ahí me hice de un círculo de amigos como yo y frecuenté locales de ambiente. Sin embargo, no dejé de fingir del todo. Aunque vivía con más libertad, ocultaba mi identidad sexual ante mis compañeros en la empresa de recursos humanos donde trabajaba.

Solo después de una intensa evolución personal me cambié al negocio del lujo, donde encajaba a la perfección. Aún entonces, seguí mintiéndole a mi familia: les decía a mis padres que salía con chicas para que no se preocupasen. Inventaba cualquier historia que los hiciese sentir cómodos con un hijo reconfortantemente heterosexual.

Esa doble vida me sumía en una profunda tristeza. Amo a mis padres y necesitaba compartir con ellos lo que yo vivía en realidad. Me habría hecho feliz poder decirles que era feliz.

En Nueva York, mantuve dos relaciones estables de cinco y tres años, respectivamente. Mi segunda pareja era un homosexual completamente liberado. Teníamos una vida social abierta y yo conocía a su familia. A nuestro alrededor, todo el mundo nos comprendía.

Bueno, no todo el mundo.

Un día, mi pareja exigió:

—Quiero conocer a tus padres.

—¡No puedes! —le respondí—. Ellos no saben lo mío.

—Formas parte de mi vida y de mi familia —insistió—. Quiero formar parte de la tuya. Me lo debes.

Para entonces, mis hermanas se habían mudado a Florida, y mis padres, jubilados precoces, las habían seguido. Así que hacia allá que viajé, con la dura misión de abandonar el armario por fin a mis casi treinta años.

Primero se lo dije a mi hermana Maria. Ella se mostró increíblemente comprensiva. Me preguntó qué podía hacer por mí. Se ofreció a hablar con mis padres y prepararlos para mi confesión. Tras una larga charla con ella para trazar una estrategia, decidí hablar directamente con ellos, sin más intermediarios ni demoras.

Cuando por fin lo oyeron de mis labios, la reacción de mis padres fue brutalmente honesta:

—Esto no es lo que queríamos para ti. Queríamos que tuvieses una familia, nos dieses nietos y vivieses como nosotros. Pero te queremos. Y desde luego, te respetamos. No nos importa cómo seas.

Resultó que ellos habían sospechado desde el principio que había un «problema» conmigo. Que algo en mi vida no funcionaba como debía, al menos según sus esquemas. Ellos siempre habían percibido mi tristeza y mi confusión.

Durante los siguientes seis meses, desarrollé con papá y mamá un proceso de «reeducación». Por esa época, la homosexualidad seguía siendo un tabú rodeado de explicaciones absurdas e ignorantes. Para mucha gente, se trataba de una enfermedad sobrevenida por alguna aberración del comportamiento. Entre tantas teorías apocalípticas, mis padres se sentían culpables por mi orientación. Temían haber hecho algo mal conmigo. Tuve que explicarles que uno no «se vuelve» gay, que yo no era el producto de ningún error por su parte. Convencerlos de que me habían dado una buena vida costó largas sesiones de conversación, con interminables repasos de los episodios de nuestro pasado.

En una segunda etapa, después de interiorizar que su hijo no estaba enfermo, dedujeron que me había pasado la vida mintiendo y se sintieron mal por no haberme acompañado durante todo ese tiempo.

—¡Si nos lo hubieras dicho antes, habríamos tratado de ayudarte! —me reprochaban.

En suma, sufrieron. Pero sufrieron con generosidad. Por amor. Por entrega hacia su familia. Y gracias a todos esos sentimientos, mi felicidad pudo ser plena.

Ojalá todos los gais tuvieran una historia como la mía. Soy un afortunado. Alrededor del mundo, aún hoy en día, los jóvenes homosexuales son repudiados por sus familias, abandonados por sus amigos y, en algunos países, incluso asesinados en nombre de la ley.

Lo gracioso es que, al final, nunca les presenté a mis padres a mi chico. Ellos y nosotros vivíamos en extremos opuestos de la Costa Este. Y para cuando ellos se sintieron cómodos hablando de este tema, mi relación de pareja había terminado.

Mi evolución personal vino acompañada de nuevas ideas políticas sobre el tema. O, más bien, por la convicción de que este tema tenía un lado político que iba mucho más allá de mi familia y de mí.

En la segunda mitad de los años ochenta, la crisis del sida lo estaba cambiando todo. Los homosexuales que caían enfermos carecían de vínculos legales con sus parejas de hecho. Con la ley en la mano, solo sus padres tenían derecho a cuidarlos y tomar decisiones médicas. Frecuentemente, esos padres se avergonzaban de sus hijos y su primera medida consistía en arrebatárselos a sus amigos y novios. En caso de fallecimiento, además, esas familias heredaban bienes y propiedades que pertenecían a las parejas y llegaban a expulsar a los supervivientes de sus propias casas.

Hasta esos años, ningún homosexual alzaba la voz, porque eso solo servía para atraer a la policía. Pero las injusticias de la era del sida galvanizaron la conciencia de que no debías tener derechos diferentes por el solo hecho de amar de un modo diferente. Comenzaron las manifestaciones, las denuncias, la lucha por los derechos civiles de una nueva comunidad. Mientras yo vivía en Nueva York, se fundó allí Act Up, un grupo de acción directa para exigir cambios legislativos y estudios científicos sobre la nueva enfermedad.

También en ese aspecto, podía considerarme afortunado. Durante esos años de terror, no tuve que ver a ningún amigo morir. No sufrí ningún tipo de discriminación. Nadie me negó un trabajo o un lugar en una mesa.

De todos modos, la lucha estaba en la calle, a mi alrededor, y apelaba directamente a mi identidad. En abril de 1993, asistí a una manifestación multitudinaria en Washington y me impactó percibir la dimensión social del asunto. Más adelante, conocí a Chad Griffin, el presidente de la Human Rights Campaign, la asociación nacional de lucha por los derechos LGBTQ, y traté de ponerlo en contacto con gente que pudiese donar dinero a la organización, algo que volví a hacer siempre que pude por cualquiera involucrado en la lucha.

Más allá de esos apoyos, mantuve un perfil muy bajo. No me considero un activista. Creo que cada persona debe colaborar desde su lugar con las causas que defiende. Y yo solo me sentí llamado a colaborar más cuando escuché personalmente al presidente Obama formular propuestas que ningún presidente había hecho antes y que ningún republicano pensaba llevar a cabo.

En 2011, Obama firmó una directiva en la que defendía que «la diplomacia estadounidense y la ayuda exterior promocionen y protejan los derechos humanos de personas lesbianas, gais, bisexuales y transexuales». Acto seguido, la secretaria de Estado Clinton afirmó ante las Naciones Unidas que «los derechos gais son derechos humanos y los derechos humanos son derechos gais». Yo terminé siendo uno de los seis embajadores abiertamente gais que un presidente estadounidense nombraba por primera vez en la historia. De modo que la promoción de los derechos LGBTQ se encontraba en la base de mi designación y formaba parte de las políticas que yo debía seguir.

Mi sola presencia en Madrid ya obligaba a introducir el tema, por ejemplo, en la agenda social de las otras embajadas, que debían invitar a sus eventos a mi pareja. O, muy significativamente, en la prensa. La revista *Tiempo* publicó un titular sobre mí y el embajador de Francia, Jérôme Bonnafont, que también tenía una pareja del mismo sexo, e incluso un hijo pequeño. Aunque Bonnafont y yo ni siquiera nos conocíamos personalmente, ese titular nos convirtió de repente en una suerte de «nueva ola gay» de la diplomacia.

Esas cosas importan, porque refuerzan modelos de éxito y combaten los estereotipos negativos. Durante mi gestión, muchos homosexuales me dijeron que la presencia de embajadores como ellos sentándose junto al rey o negociando con el Gobierno los había empoderado y ayudado a salir del armario o, por lo menos, a exigir un trato respetuoso en sus trabajos.

Cuando el presidente Obama pasó por Madrid, me las arreglé para que el novio de un trabajador de la embajada se hiciese una foto con el presidente. La familia de ese chico aún no sabía lo que él era. Él quería abrirse con ellos. Sin duda, la foto ayudaría a sus padres a entender que puedes llegar muy lejos sin importar tu orientación sexual.

Aun así, yo quería hacer más.

El 17 de mayo se celebra el Día internacional contra la Homofobia, la Transfobia y la Bifobia, el aniversario de la eliminación de la homosexualidad de la lista de enfermedades mentales de la OMS. Para celebrar ese gran paso adelante en la aceptación mundial de nuestra comunidad, el presidente ofreció un acto conmemorativo en la Casa Blanca. Así que ese día de 2014, decidí izar la bandera del arcoíris en la embajada.

Para no equivocarme —porque en la diplomacia, cada detalle es juzgado con rigor— hice una ronda de consultas entre mis colegas. La mayoría de las voces que escuché, incluso de diplomáticos gais, recomendaban izar la bandera multicolor en un mástil diferente del de la bandera de barras y estrellas, incluso en un edificio diferente. Yo no pensaba aceptar tal cosa. Izar nuestra bandera aparte habría sido lo mismo que afirmar que somos ciudadanos de segunda clase. Como primer gay en el cargo, me correspondía mostrar liderazgo.

Estudié el protocolo para banderas, que tiene reglas muy rígidas. Y encontré un argumento a mi favor. Según el código establecido, el presidente de Estados Unidos tiene la potestad de cambiar algunas reglas. Por ejemplo, cuando se declara un luto nacional, puede ordenar que las banderas ondeen a media asta en las instituciones públicas. Como primeros representantes del país en el exterior, los embajadores también gozan de esa facultad. Yo lo hacía si, por ejemplo, caían soldados españoles en una emboscada en Afganistán, como homenaje a nuestros aliados.

Amparado en ese resquicio del reglamento, ordené colgar la bandera del arcoíris en el mismo mástil que la de Estados Unidos. Tenía que ser una bandera más pequeña, eso sí. Pero fuera de ese detalle, mi bandera cumplía las normas. *Mis* banderas, porque mandé colocar dos: una en la residencia, que icé yo mismo, y otra en la embajada, que izaron los marines, en un gesto altamente simbólico. Hasta donde sé, fue la primera vez que se hizo eso en la historia de Estados Unidos.

Ahora bien, sin duda, el momento clave LGBTQ de mi gestión se celebró el día del Orgullo Gay de 2015.

No fue un día cualquiera. A finales de junio, apenas unos días antes de la fiesta, el Tribunal Supremo de Estados Unidos había declarado ilegales las normas que prohibían el matrimonio entre personas del mismo sexo en catorce estados de la unión. En la práctica, estaba dando cobertura legal a la libertad de amar después de treinta años de lucha. Una decisión histórica, al nivel de la que prohibió la segregación en los colegios en los años cincuenta.

Nuestra comunidad estalló de alegría. El presidente Obama declaró:

—Este fallo es una victoria para Estados Unidos. Cuando todos los estadounidenses somos tratados como iguales, todos somos más libres.

Y tuiteó una felicitación con la etiqueta *#LoveWins*.

El 2 de julio, la embajada en Madrid convocó una gran fiesta del orgullo gay. Esta vez, la lista de invitados fue objeto de especial escrutinio. Yo quería miembros del colectivo que destacasen en todos los sectores. No solo activistas, sino empresarios, artistas, trabajadores. Así, convocamos a la primera pareja gay casada, Manuel Ródenas y Javier Gómez; al juez Fernando Grande-Marlaska (actual ministro de Interior); al diseñador Juanjo Oliva; al político Javier Maroto...

Naturalmente, yo quería invitar al hombre que había liderado la legalización del matrimonio gay en España, una legitimación que cumplía precisamente entonces su primera década. Se trataba del expresidente José Luis Rodríguez Zapatero. Pero a mi alrededor, en la embajada, se alzó más de una ceja al oír ese nombre. Zapatero no era bienvenido en territorio estadounidense.

Él había llegado a la presidencia aupado por la oposición general contra la guerra de Irak, en la que el presidente José María Aznar había involucrado a España junto con George W. Bush. Durante su campaña electoral, Zapatero se había negado a ponerse en pie ante la bandera estadounidense durante el desfile militar del 12 de octubre. Su foto ahí sentado, mientras los funcionarios del Gobierno conservador se levantaban, había aparecido en numerosas portadas, convirtiéndose en un símbolo de su posición. Al llegar al poder, en efecto, retiró a sus tropas del terreno, lo que enfureció a la Administración Bush. Y como recordaban algunos diplomáticos, su primer invitado internacional fue Hugo Chávez, que a su llegada a España, nada más bajar del avión, saludó el carácter «revolucionario y antiimperialista» del Gobierno que lo recibía. Aún hoy, Zapatero es más amable con el horrendo régimen de Maduro de lo que me gustaría.

Pero en el tema de derechos civiles, en ese momento, había marcado la pauta. Y con el presidente Obama, los derechos civiles tenían prioridad sobre las guerras en la agenda global.

No siempre los demás nos parecen perfectos en todos los aspectos. Con frecuencia, estamos de acuerdo en algunas cosas y en otras no. Pero la política de Obama, como demostró en sus esfuerzos de paz hacia Cuba o Irán, consistía en resaltar lo que nos une para poder hablar de lo que nos separa. Así que, a pesar de las advertencias de mi equipo, asumí la responsabilidad de invitar a Zapatero.

El día de la fiesta, bajo la bandera del arcoíris, la de Estados Unidos y el radiante sol de Madrid, di la bienvenida a los 348 invitados con estas palabras:

> Es un placer recibiros en mi hogar para celebrar los valores de la diversidad y la tolerancia, valores que enriquecen a nuestras sociedades... Hoy nos felicitamos de que nuestro Tribunal Supremo haya consagrado el derecho al matrimonio de todos nuestros ciudadanos... Y agradecemos ese éxito al compromiso de miles de individuos, LGBTQ y aliados, que durante décadas han derrumbado las barreras del miedo entre sus colegas del trabajo, sus amigos, sus parientes y la sociedad en pleno... Es un honor hacerlo junto a quienes formaron la vanguardia cuando los españoles lograron extender esos derechos a su propia población y celebrar el décimo aniversario de vuestra ley de matrimonio homosexual. Esta es una celebración del amor. Y el amor siempre gana.

A continuación, el expresidente tomó la palabra y pronunció palabras que emocionaron a todos los presentes, estadounidenses y españoles, homosexuales y heterosexuales, diplomáticos y diseñadores:

Aprecio al presidente Obama. Jamás me había sentido en una embajada como en mi propia casa, y así me siento hoy. Me levantaría de mi asiento feliz, y veinte veces si fuera necesario, ante el paso de la nueva bandera de Estados Unidos. Señor embajador, su país y el mío se encuentran más unidos que nunca bajo esta bandera de dignidad e igualdad.

Después de los discursos, besé a Michael en los labios y comenzó la fiesta.

Como ya he dicho, la diplomacia sirve para reunir a la gente. Y cuando la reúnes, surge la magia. Ese fue uno de los momentos más mágicos de mis años madrileños.

El siguiente noviembre, la influyente revista LGBTQ *Out* nombró al presidente Obama aliado del año. En la lista de las cien personalidades gais estadounidenses, figurábamos también Michael y yo.

Ese año, aquel chico de Lowell que se escondía de los comentarios homófobos ganó todas sus batallas. Pero yo era consciente —aún lo soy— de que nuestra lucha no terminará nunca.

Mientras escribo estas líneas, la Administración Trump nombra funcionarios con historiales de comentarios discriminatorios, desmantela iniciativas LGBTQ en el área de la salud, retira de los documentos oficiales el lenguaje que nos visibiliza y bloquea iniciativas de protección para trabajadores y pacientes del colectivo con la excusa de la simplificación administrativa. Como si fuera poco, el nuevo presidente intenta prohibir a la mayor parte de los transgéneros servir en el Ejército.

No es de extrañar. Aún hoy, medio siglo después de las leyes estadounidenses contra la segregación racial, miles de personas en mi país sufren discriminación, incluso mueren, a causa del color de su piel. Del mismo modo, los homosexuales siempre tendremos que defender ante otras personas que tenemos los mismos derechos que cualquier ser humano.

Nuestros retos no son solo legislativos. Debemos normalizar nuestra vida y nuestra orientación en cada pequeño gesto, en todos los niveles de la sociedad. Todavía hay gais que pierden su trabajo o no reciben ascensos debido a lo inquietantes que resultan para otras personas. Todavía hay gente que invita a su casa a los colegas homosexuales, pero no a sus parejas. Todavía hay chicos en los equipos de fútbol que se espantan cuando escuchan gritar «maricón» y se preguntan si han sido descubiertos.

Eres un crac

Lo mejor que puede hacer un embajador es reunir a los líderes de su país de origen y de destino. La máxima relación entre dos naciones ocurre cuando sus representantes se encuentran cara a cara. Yo conseguí visitas de ambas partes.

A España no había asistido ningún presidente estadounidense desde junio de 2001, cuando Aznar recibió a Bush. Aquella visita dio inicio a una gran amistad que llevaría a los presidentes hasta la polémica invasión de Irak, de modo que no gozaba de un recuerdo especialmente grato. José Luis Rodríguez Zapatero llegó a visitar a Obama en Washington, pero el presidente estadounidense no devolvió la visita. Y Mariano Rajoy nunca había sido invitado a la Casa Blanca.

En 2013, España llevaba años presionando para conseguir ese encuentro. Mi predecesor en la embajada no lo había conseguido. Así que, desde mis primeras reuniones con representantes españoles en Washington, antes incluso de que me ratificase el Senado, yo había recibido intensas solicitudes al respecto. Conseguir la reunión —y conseguirla rápido— podía ser el listón para todo el resto de mi gestión.

En realidad, tenía razones para confiar en una respuesta positiva. Antes de viajar a Madrid, durante una reunión en la Oficina Oval, le había transmitido al presidente Obama la importancia de la visita y la insistencia de los españoles al respecto. Él me había expresado su disposición a recibir a Rajoy si las circunstancias lo permitían.

Con ese fin, desde mi llegada a España, moví los canales oficiales en el Consejo de Seguridad Nacional y el Departamento de Estado. Colocar en la agenda presidencial una visita de esta importancia requiere toneladas de burocracia. Todos los equipos relacionados con el tema se dedican a analizar España y evalúan si existe algún inconveniente.

Después de seis semanas viviendo en Madrid, una mañana, al llegar a la embajada, encontré un correo de Washington en que aceptaban la visita. Para 2014, el español sería el primer líder extranjero en la agenda de la Casa Blanca.

De inmediato, llamé al jefe de Gabinete de Rajoy, Jorge Moragas, un diplomático muy hábil que, después de su paso por la Moncloa, regresaría a la carrera, precisamente en Estados Unidos, como embajador ante las Naciones Unidas. Moragas me citó esa misma tarde para decidir la fecha del viaje.

Cuando ya estaba a punto de abandonar la embajada, llegó una llamada telefónica de Washington. Un miembro de mi equipo se me acercó cuando yo ya subía al coche y me informó:

—Ha surgido un problema. Van a anular la visita.

Este era uno de esos momentos que exigía tomar decisiones muy rápido. Yo podía regresar a mi despacho y devolver la llamada. Pero entonces habría llegado tarde a mi cita con el jefe de Gabinete de presidencia. De hecho, esa cita ni siquiera habría tenido sentido, todo lo cual habría constituido un desplante contra una de las autoridades más importantes del país que me recibía. No había manera de proceder sin correr riesgos. Y yo decidí moverme según el correo que había recibido y los deseos de España.

—Yo no he recibido ninguna llamada —dije—. Así que no sé qué quieren exactamente. Seguiré con mis planes y contactaré con Washington a mi regreso de la Moncloa.

Así lo hice. En el palacio presidencial, un entusiasta Moragas

Junio de 2016. Michelle Obama recibiendo un ramo de flores de parte de Marta, una niña que estudia con la fundación A LA PAR, una asociación por los derechos y la participación de las personas con discapacidad intelectual, a su llegada a Madrid en el primer día de su visita oficial. © Getty Images

Junio de 2016. Sus Altezas Reales en la embajada firmando el libro de condolencias por las víctimas del atentado en la discoteca Pulse de Orlando. © EFE/Chema Moya

Foto oficial para la embajada. © Diego I. Colmenares

La reina Letizia y la primera dama Michelle Obama tras el discurso por la iniciativa Let Girls Learn en Madrid. © Getty Images

La indispensable Marta Soriano, encargada de protocolo, preparando los últimos retoques antes de servir una cena perfecta. © Diego I. Colmenares

Escuchando a la increíble Vanessa Williams cantando el himno nacional durante nuestra última celebración del Cuatro de Julio.

#Orgullo2015. Discurso en la embajada con motivo de la celebración del Día Internacional del Orgullo LGBTQ.

Julio de 2015. Celebrando el Día Internacional del Orgullo LGBTQ y la aprobación del matrimonio homosexual en Estados Unidos junto con José Luis Rodríguez Zapatero en los jardines de la embajada. © Diego I. Colmenares

Primer encuentro entre el presidente Obama y el rey Felipe. © Pete Souza

Enero de 2013. Mariano Rajoy, tras finalizar su primera reunión con Obama
en el Despacho Oval. © Alamy

19 de octubre de 2015. John Kerry llegando a un lluvioso Madrid en su esperada primera visita a España. © Glen Johnson

Septiembre de 2015. El rey Felipe y el presidente Obama estrechándose la mano tras haber concluido su primer encuentro en el Despacho Oval.

Julio de 2016. Zach y Freddy con el presidente Obama. © Pete Souza

Noviembre de 2016. Cena de Acción de Gracias. Agradeciendo de todo corazón al chef de la embajada, Byron Hogan, a Chris Kidder y a todo el personal por su espléndido trabajo durante mi estancia como embajador. © Diego I. Colmenares

Michael y nuestra queridísima María García de la Rasilla preparando la disposición de las mesas y de los invitados para un evento en la embajada.

Julio de 2016. El presidente Obama con el personal de la embajada. Siempre rodeado de los mejores profesionales. © Pete Souza

Algo gracioso está ocurriendo en la embajada… © Diego I. Colmenares

Con el andorrano Blai Jané asistiendo a una espectacular nevada en los Pirineos andorranos.

Sobrevolando el Mediterráneo, a punto de aterrizar en el portaviones *USS Eisenhower*.

Aprendiendo a volar con militares españoles.

Fiesta para celebrar mi primer año como embajador. Conociendo a nuestros fabulosos invitados Alaska y Mario y Topacio Fresh e Israel Cotes. © Diego I. Colmenares

Abril de 2014. Visitando el destacamento militar español Orión en Yibuti, encargados de luchar contra la piratería en la costa de Somalia y el cuerno de África.

15 de junio de 2014. Después de una intensa jornada de golf en Palm Springs. Yo descalzo y Obama llamando al rey Juan Carlos tras conocer la noticia de su abdicación; agradeciéndole por haber puesto a España en la senda de la democracia y desearle buena suerte al nuevo rey Felipe VI. © Marvin Nicholson

Julio de 2016. Despacho del presidente Obama a bordo del *Air Force One*. Destino: base naval de Rota. © Pete Souza

Disfrutando de nuestra estancia en Las Palmas de Gran Canaria.

Abrazando a Obama tras haberle presentado al equipo de la embajada. © Pete Souza

Julio de 2016. Almuerzo privado en la embajada con el presidente Obama, Susan Rice y empresarios españoles. © Pete Souza

¡Recuerdos desde Andorra! #Vacaciones #NoHayNieve

Todo listo para ofrecer una inolvidable cena de Acción de Gracias en la embajada.
© Diego I. Colmenares

Octubre de 2015. John Kerry en la embajada durante su visita a Madrid. © Glen Johnson

10 de julio de 2016. Sesión de introducción con el presidente Obama antes del encuentro con Mariano Rajoy y el rey Felipe VI. © Pete Souza

Con DVICIO celebrando por todo lo alto mi primer aniversario como embajador en España. © Diego I. Colmenares

fijó la fecha más conveniente para su jefe a mediados de enero. Yo tomé nota. A mi regreso a la embajada, llamé a Washington.

Efectivamente, me dijeron:

—Hemos vuelto a procesar la información disponible. La visita no se puede hacer.

Al parecer, algún esbirro gris del Consejo de Seguridad había decidido que la visita sería inconveniente por un asunto interno español completamente irrelevante que no puedo revelar por tratarse de información confidencial. Puedo decir que era absurdo y que peleé para mantener el viaje:

—Entonces, tendréis que dar muchas explicaciones. Acabo de hablar con la Moncloa y, basándome en la autorización que mandasteis, he transmitido la información y ellos han cerrado la agenda presidencial. Esto es grave. Esto es un incidente diplomático serio.

A pesar de mis advertencias, nadie dio su brazo a torcer en la Administración. La orden era terminante: la visita quedaba cancelada.

Sin embargo, yo tampoco pensaba rendirme. Y tenía recursos. Podía echar mano de mi acceso personal a las esferas de decisión. Viajé personalmente a Washington y pedí cita con Obama en la Oficina Oval. Después de escuchar lo que ocurría de mis propios labios, el presidente, que sabe distinguir lo importante de las tonterías, dijo:

—No va a haber problema. La visita sigue adelante.

Mi insistencia me costaría varios problemas en el futuro. Al apelar directamente al presidente, estaba rompiendo la cadena de mando, algo que yo hacía con frecuencia, pero que está muy mal visto en Washington. Sin embargo, le gané el pulso a la burocracia, y creo que España y Estados Unidos lo ganaron conmigo.

Además, eso solo era el principio. En los meses siguientes, a todos, la Moncloa, Washington y la embajada, nos quedaba mucho trabajo por hacer, desde coordinar las agendas de nuestros líderes hasta decidir el orden de las banderas. La gente no suele saber la cantidad de pequeñas cosas que hace falta cuadrar para que se produzca un gran encuentro.

El 13 de enero de 2014, exactamente cuatro meses después de mi llegada, Mariano Rajoy comenzó su viaje oficial a Washington. Por indicación de su gabinete, la visita se realizó con la máxima pompa: despliegue de la guardia nacional, himnos, todo muy solemne, para darle la importancia que requería. Yo la definiría como un gran éxito.

La mañana misma de la reunión bilateral, mientras esperábamos a Rajoy en la Oficina Oval con todo el equipo estadounidense, Obama bromeó conmigo delante de los demás:

—Sé que James ha tocado muchas puertas para que se realice esta reunión. Puertas traseras sobre todo.

Fue una indirecta a los presentes, algunos de los cuales seguían enfadados conmigo. Así, el presidente les transmitía que confiaba en mí para la relación bilateral y que no iban a dañar mi relación con la presidencia. Le agradecí mucho ese gesto, que me facilitó las cosas durante el resto de mi gestión.

Para España, el viaje tenía un interés eminentemente económico. Rajoy quería atraer inversiones hacia su país para luchar contra la crisis financiera. En lo personal, yo me ocupé de gestionar su visita a la Casa Blanca, pero su agenda fue más allá. Su delegación incluía a representantes de empresas españolas como Repsol, Iberdrola, FCC o Ferrovial. Y aparte de con el presidente Obama, se reunió con la directora del FMI, Christine Lagarde, con empresarios y con el jefe de la Fundación Consejo España-Estados Unidos.

El gesto político de mayor calado de Rajoy fue una visita al cementerio de Arlington, donde homenajeó a los militares estadounidenses caídos en combate. Una manera de poner en valor la alianza militar entre nuestros países. Y un detalle muy emotivo. En Arlington, Rajoy —y Moragas— demostró que no solo quería una reunión de alto nivel. También le importaba escenificar su respeto por mi país. Obama quedó asimismo muy impresionado por esa actitud.

La experiencia me sirvió para conocer un poco más de cerca al presidente español, aunque no tanto como me habría gustado. La verdad es que nunca nos frecuentamos más allá de la agenda ni pudimos comunicarnos con fluidez porque no hablábamos una lengua común. Sin embargo, Rajoy siempre me cayó bien.

La opinión pública española suele considerarlo demasiado serio, carente de sentido del humor. Yo creo que esa es una imagen falsa. Admito que quizá su perfil público no ha cultivado especialmente su cercanía. También es posible que, a nivel de jefe de Estado, el rey luzca más una empatía espontánea que le resulta más natural que al presidente.

Tuve una evidencia de los diferentes temperamentos del presidente y el rey el 26 de abril de 2015, durante el funeral por las víctimas del vuelo de Germanwings Barcelona-Düsseldorf. Se trataba de una ocasión terriblemente triste, porque ni siquiera había sido un accidente al uso. El copiloto del avión, que padecía inestabilidad mental, había estrellado deliberadamente la nave en los Alpes franceses, dejando ciento cincuenta muertos. Y nada de fallos mecánicos ni errores humanos. Toda la culpa fue de un desequilibrado en un mal momento. Y no se le podía castigar porque estaba muerto. El horror de lo que había hecho se mezclaba con el estupor de que fuese posible hacer algo así.

El funeral se celebró en la Sagrada Familia de Barcelona, con cantos y oraciones en ocho idiomas. Contó con la presencia de Rajoy, el rey y el *president* catalán Artur Mas, que no había coincidido con ellos desde la coronación de Felipe. La brutalidad de esa tragedia fue una de las pocas cosas que consiguió ponerlos de acuerdo durante esos años.

La ceremonia, a la que me invitaron, duró una hora. A continuación, el presidente y los reyes se acercaron a cada familiar de las víctimas para darles el pésame. Rajoy cumplió su papel y saludó a todos los asistentes. Detrás de él, venían Felipe y Letizia abrazando a los que lloraban a sus víctimas, como si fuesen sus propios parientes. Los abrazos estaban cargados de un sentimiento tan sincero, tan intenso, que prolongaron los pésames durante mucho más tiempo que la misa.

En un momento, la comitiva llegó donde una mujer, que había perdido a sus hijos en el accidente y se hallaba destrozada. Ni siquiera podía decirse que estuviese triste. Se encontraba como catatónica, tan afectada que había perdido la conexión con la realidad. No parecía capaz de reaccionar, ni siquiera de reconocer a quienes tenía delante.

Al llegar ante ella, Rajoy extendió la mano para saludarla. La mujer no correspondió. Presentaba una imagen silenciosa de impotencia y frustración. No era fácil decidir si acercarse a ella o simplemente dejarla en paz con su duelo. Rajoy optó por lo segundo. Siguió adelante, con la intención de no perturbarla.

En cambio, los reyes se plantaron frente a esa mujer, la miraron a los ojos y la abrazaron. Permanecieron con ella varios minutos, tratando de ayudarla con su proceso de duelo mientras iba cobrando conciencia de la situación. Hasta que rompió a llorar. Y siguieron con ella hasta que consiguió superar ese momento, quizá el más doloroso de su vida.

Eso es muy característico de Felipe. Puedes verlo con líderes de la empresa, presidentes, artistas o con una mujer arrasada por una pérdida. Y sus instintos naturales son excepcionalmente apropiados a cada situación. A Rajoy le cuesta más arriesgarse en situaciones personales imprevistas. Y por eso a veces parece más frío y distante.

Sin embargo, en las distancias cortas, Rajoy es una persona increíblemente sociable, con un gran sentido del humor y mucha complicidad. A mí siempre me salía con alguna ocurrencia graciosa. Y nunca olvidaré que, cuando me despedí de la embajada, me dio un gran abrazo —totalmente sorpresivo— en las escaleras de la Moncloa y me dijo:

—Eres un crac.

Mi memoria guarda con orgullo esa despedida en la que se mostró tan simpático, y hasta cariñoso, precisamente porque sé que no lo hace con todo el mundo.

Letizia y Michelle

Una vez conseguida la visita de Rajoy a Washington, faltaba el broche de oro: la de Obama a Madrid. Pero, para lograrla, hacía falta respetar algunos pasos previos. Las visitas funcionan como la escalada: para llegar al presidente, tienes que ir pasando por todas las otras personas que trabajan en la relación bilateral.

El rey Felipe viajó a Estados Unidos todos los años de mi gestión. Y, por supuesto, también fueron muchos ministros, entre ellos, los de Defensa y Exteriores. Para facilitar el viaje de Obama a España necesitábamos conseguir primero visitas de las contrapartes ministeriales estadounidenses, en especial, del secretario de Estado John Kerry, nuestro equivalente al canciller.

¡Cómo perseguimos a Kerry! Siempre estábamos tras sus pasos en espera de que viajase cerca de España. Si iba a París para la cumbre del cambio climático, o a Bruselas para un acuerdo multilateral contra el terrorismo, nosotros solicitábamos una escala en Madrid.

Kerry tenía la mejor voluntad. Su despacho nunca obstruyó la iniciativa. Sin embargo, cada vez que lo invitábamos, ocurría algo que trastocaba su agenda. O bien él debía modificar sus planes, o bien surgía una emergencia.

La tercera vez que lo intentamos, aprovechamos un viaje de Kerry a Suiza. El secretario de Estado se había desplazado para negociar el acuerdo con Irán (otro de los esfuerzos por la paz que la Administración Trump tiraría a la basura). Conseguimos que incluyese a España en sus planes y fijamos un par de días en su agenda para que se encontrase con Margallo, con empresarios, etcétera.

En el preciso momento en que me vestía para ir a recibirlo a la base aérea de Torrejón de Ardoz, me sonó el teléfono. Alguien dijo al otro lado:

—Mira el telediario.

Encendí el televisor: John Kerry se había caído de una bicicleta en Suiza y se había roto la pierna. Necesitaba operarse con urgencia. No podía moverse. Su agenda quedaba anulada.

Segundos después, el teléfono volvió a sonar. Era el ministro Margallo. También se estaba poniendo la corbata para ir al aeropuerto cuando recibió la noticia.

—¿Qué? No viene, ¿no?

—¿Qué puedo hacer? —me defendí—. ¡Se ha caído de la bicicleta!

—¿Qué hacía el secretario de Estado montando en bicicleta en Suiza?

—¿Yo qué sé? ¡Yo no lo puse ahí!

El ministro nunca dejaba de mencionar el tema de las cancelaciones de Kerry cada vez que nos veíamos, como si fuese mi culpa.

—¿No puedes traer al secretario de Estado? —decía—. ¿Cómo es que nunca viene al final?

Margallo era muy hábil para presionar y exigir. Aunque no recuerdo haberle oído nunca dar las gracias por algo.

En fin, hasta ese día, yo siempre había bromeado con la idea de que Kerry no quería venir e inventaba excusas. Pero después de esto, comencé a sospechar en serio que esa visita estaba maldita. Embrujada. Gafada.

Tuvimos que esperar a octubre de 2015 para que John Kerry rompiese el hechizo y aterrizase en España. Tras dos años de esfuerzos, se reunió con el presidente Rajoy, con el rey, con el entonces líder de la oposición Pedro Sánchez. Una visita por todo lo alto.

Por supuesto, Kerry también tuvo un encuentro con Margallo para firmar un acuerdo sobre la limpieza de los residuos radiactivos del pueblo de Palomares, que serían retirados y llevados a un basurero para desechos nucleares en Estados Unidos. El ministro le regaló a Kerry una guitarra española. Y lo más importante: dejó de pincharme con ese tema.

En nuestro libro de visitas, Kerry escribió:

> James y Michael:
> Gracias por la espectacular —aunque demasiado breve— bienvenida al extraordinario hogar que habéis creado y a la maravillosa relación que habéis construido con España. Somos un equipo extraordinario que marca la diferencia para nuestro país.

Un par de semanas antes vino el secretario de Defensa, Ashton Carter, a ver a Pedro Morenés. También pasó por España James Comey, director del FBI, para analizar con el ministro del Interior, Jorge Fernández Díaz, la información compartida sobre yihadismo internacional, tráfico de drogas e inmigración. (Comey, por cierto, un hombre incorruptible, más adelante pondría en aprietos a Hillary Clinton durante la campaña presidencial y a Donald Trump por sus posibles contactos con Rusia para alterar el resultado electoral. Esta última investigación le costaría el despido, pero su reputación se mantuvo tan impecable como los modales perfectos que exhibió durante nuestras reuniones.)

En suma, la mayoría de los secretarios y altos funcionarios estadounidenses visitaron España durante mi etapa en la embajada. Solo faltó el ministro de Economía, el secretario del Tesoro Jack Lew, que respondió a mi invitación con las siguientes reconfortantes palabras: «España está haciendo las reformas adecuadas. Yo solo viajo a países que van mal».

De todos modos, Lew se encontró con su homólogo español, Luis de Guindos, en Washington. Así que, para sellar la excelente relación de cooperación entre nuestros dos países, solo faltaba la visita del presidente.

El plan para el viaje de Obama fue diseñado al milímetro: para empezar, calentamos motores con la primera dama. Ella solo había estado una vez en España, durante el primer Gobierno de su esposo, para pasar las vacaciones en Marbella con Sasha. En esa ocasión había visitado a Juan Carlos y Sofía en Marivent. Pero, en sentido estricto, no se había tratado de un viaje oficial.

En cambio, a finales de junio de 2016, Michelle vino para promover una causa solidaria: Let Girls Learn, una iniciativa para garantizar la educación a todas las niñas del mundo. Y todo el viaje adquirió un cariz diferente desde el mismo minuto de su llegada. En las escaleras del avión la esperaba Marta, una niña con discapacidad intelectual que estudiaba en la Fundación A LA PAR. Marta le entregó un ramo flores cultivadas por niños como ella, parecidos a los que teníamos en la embajada.

Para dar visibilidad al asunto e inspirar al país a involucrarse, Michelle participó en un evento junto con la reina Letizia en Matadero de Madrid. Esas dos mujeres se complementaban a la perfección: la reina con un vestido enteramente rojo o en homenaje al país que acogía. Michelle, vestida con una pieza blanca de la marca Delpozo. Las dos, comprometidas con un mundo más justo.

Recuerdo un detalle del acto que muestra el nivel de preparación de la reina. Para su discurso, Michelle pidió un *teleprompter*. Suele usarlo solo como referencia. Ella sabe improvisar muy bien y conectar con cada audiencia particular, pero siempre es útil partir de una base clara. A continuación, Letizia subió, sin papeles, sin discurso, para hablar... en inglés. Y estuvo perfecta. No solo dirigió sus palabras con coherencia y emoción. Es que su nivel de inglés era perfecto, hasta el punto de que su equipo había pedido a los técnicos que quitasen el *teleprompter*. Querían que la gente sintiese su pasión personal por este tema.

Durante los siguientes tres días, tratamos de que la familia Obama disfrutase al máximo de España. Las llevamos a ver pinturas en el Reina Sofía y en el Prado. Les enseñamos los mejores restaurantes y organizamos una cena en la residencia con un número musical a cargo de Miguel Poveda e invitados tan variados como la vicepresidenta Soraya Sáenz de Santamaría, la empresaria Alicia Koplowitz, el director de cine Alejandro Amenábar y el periodista Antonio Caño. En cada ocasión, en cada rincón que visitaban las Obama, los españoles salían a recibirlas con un cariño y una alegría que les dejarían una poderosa impresión.

Si tuviese que quedarme con un momento de esa visita, escogería el *brunch* de Michelle en el Palacio de la Zarzuela, que, una vez más, fue un producto de lo que puede hacer la conversación entre las personas cuando logra imponerse a la rigidez de los estados.

Ocurrió así: Letizia quería recibir a la primera dama en la Zarzuela, pero la Casa Real pensaba usar el palacio de Juan Carlos, el espacio para las visitas oficiales. Nosotros, en la embajada, queríamos un encuentro menos encorsetado, más amigable, porque, además, eso es lo que había hecho Michelle el año anterior cuando invitó a Letizia al segundo piso, el ala privada de la Casa Blanca. En términos diplomáticos, se trataba de una cuestión de reciprocidad.

En mis peores pesadillas, las dos mujeres acababan viéndose solas en un salón con techos de seis metros, cada una en el extremo de una mesa para veinte personas. Por no mencionar que era como invitar a alguien a la casa de tus padres.

La Casa Real no sabía qué hacer con nuestra demanda. Simplemente, no funcionaba así. Había un lugar establecido para visitas de ese tipo y nadie andaba por ahí discutiendo las cosas. Además, la familia real española, a diferencia de otras de Europa, guardaba con mucho celo su vida privada. Mientras escribo estas líneas, con ocasión del 50.º cumpleaños de Felipe, por primera vez se difunden imágenes de la rutina de los reyes y sus hijas. Pero, hasta entonces, su residencia particular era un santuario inviolable.

Afortunadamente, poco antes de la llegada de Michelle, me encontré con los reyes en un acto diplomático. Y con toda confianza, y quizá un punto de descaro, les planteé la situación:

—Estamos trabajando en los detalles del encuentro de Sus Majestades y Michelle, pero nos gustaría encontrar un espacio más personal que los salones oficiales, con más calidez y menos pompa.

Letizia es capaz de pronunciar las palabras perfectas, en inglés o español, y eso hizo en ese instante:

—¡Que sea en mi casa!

Su invitación, aparte de demostrarme una vez más la generosidad de estas personas, me abrió las puertas para decir:

—Sé que eso es lo que más le gustaría a Michelle... pero en ese caso Su Majestad tiene que convencer a su propio equipo.

Y eso hizo.

El encuentro se produjo en la residencia privada de los reyes, donde nunca hasta el momento se habían aceptado visitas oficiales. A la llegada de Michelle, la princesa Leonor y la infanta Sofía la recibieron con una cesta de verduras de su propio jardín. El año anterior, durante su visita a la Casa Blanca, Michelle había llevado a Letizia a su propio huerto, desde el que promovía la alimentación sana para los niños de nuestro país. El regalo de la Zarzuela fue una manera de decirle que su ejemplo era seguido y admirado. Más adelante, el rey Felipe se unió al grupo. El encuentro tuvo la cercanía que necesitaba no solo para que intimasen dos líderes femeninas, sino para acercar a sus dos países.

Antes de marcharse, la primera dama escribió en el libro de visitas de la embajada:

No existen palabras para expresar mi gratitud por la cálida acogida que nos habéis brindado a mi familia y a mí durante nuestra estancia en Madrid. El equipo de la embajada ha hecho lo imposible para hacernos sentir bienvenidas. Recordaremos nuestra visita con gratitud.

Justo después de su partida, el 2 de julio, celebramos nuestro tercer y último día de la Independencia Americana en España con la mejor fiesta posible en el Conde Duque. Cinco mil invitados. Para la ocasión, decidimos homenajear a ese emblema de la cultura nacional que es Hollywood. Gracias al patrocinio de numerosas empresas estadounidenses y españolas que trabajaban juntas para fortalecer los lazos culturales y empresariales entre ambos países, llenamos el lugar de banderas estadounidenses, vídeos con fotos emblemáticas de Los Ángeles, palmeras californianas y hasta una réplica del coche de la película *Los cazafantasmas*, cuya nueva versión estaba a punto de estrenarse en España.

En un momento muy emotivo, la ex Miss América Vanessa Williams, la de la canción de *Pocahontas*, subió al escenario no solo para cantar sus canciones, sino también, a capela, el himno de Estados Unidos. Tuvimos una extraordinaria banda militar tocando éxitos del pop. Y en representación del arte español, se presentó nada menos que David Bisbal para cantar con acompañamiento de piano.

El resto de la noche, DJ Morse Code pinchó temas de ABBA, Pitbull y todo lo que hiciese moverse a los invitados. Yo bailé con Michael una canción de Prince escoltado por dos guardaespaldas, José y María, que hacían grandes esfuerzos, los pobres, para no sacudirse al ritmo de la música. Fiel a mi filosofía, invitamos a la fiesta a gente de lo más variada, desde la infanta Elena hasta la alcaldesa Manuela Carmena, desde la medallista paralímpica Gemma Hassen-Bey hasta Ivonne Armant, la nieta de Plácido Domingo que había salido en *Playboy*. Está mal que yo lo diga, pero fue una noche inolvidable. Teníamos que celebrar el éxito de la visita de Michelle... y el de la que nos esperaba.

Porque apenas una semana después, el 9 de julio, llegaba el broche de oro: en la recta final de su mandato, el presidente Barack Obama devolvería la visita a España.

Las veinticuatro horas españolas de Barack Obama

El viaje de Obama estaba previsto para tres días espectaculares. Llegaría a Madrid la noche del sábado 9 de julio, procedente de la cumbre de la OTAN en Polonia, y permanecería hasta el lunes 11. Entre sus planes, aparte de los encuentros de rigor con el rey y el presidente, figuraba un gran almuerzo oficial con doscientos líderes empresariales y políticos, una cena privada con veinticinco amigos nuestros —una hermosa mesa con artistas, actores y empresarios que habíamos diseñado pensando en ofrecerle una experiencia cautivadora—, un encuentro con cientos de jóvenes emprendedores para hablar de tecnología, innovación y empresa, un concierto privado de Sara Baras, un paseo por Sevilla junto al rey Felipe y un encuentro con nuestros militares en la base militar de Rota.

Todas las invitaciones habían sido ya enviadas. Todo el mundo estaba en sus puestos. Todos conteníamos la respiración.

El viernes 8, un día antes de la llegada prevista, la consejera de Seguridad Nacional Susan Rice me llamó por teléfono desde Polonia:

—¿Has visto las noticias?

Yo odiaba esa frase, porque representaba siempre la primera alerta de problemas.

Y estos problemas eran graves. Se había producido una masacre en Dallas, Texas. Durante una marcha de protesta por la muerte de dos afroamericanos a manos de la policía, un francotirador había matado a cinco agentes y herido a nueve. Se trataba de la mayor matanza de policías desde los atentados del 11 de septiembre. Por si fuera poco, incidía en un tema tan sensible para los estadounidenses como las delicadas relaciones entre razas.

—El presidente tiene que regresar al país cuanto antes —dijo Susan—. Cancelamos España.

Al colgar, pensé que eso no podía pasar. La visita del presidente a España formaba parte de mi legado. Y no habría otra oportunidad. Sobre todo, lamentaría defraudar a Felipe. En su relación personal con Obama, yo había encontrado la oportunidad de construir un enlace duradero entre nuestros países basado en valores compartidos sobre los desafíos globales. Ahora, todo eso estaba en peligro. Por no mencionar que Margallo me recordaría la cancelación el resto de mi vida.

No tenía un segundo que perder. Me embarqué en una frenética serie de llamadas telefónicas. Contacté con cada miembro del equipo del presidente en un intento de llegar hasta él durante un momento de crisis. Todos me dijeron que era imposible, que tenían que volver a casa de inmediato.

Finalmente, conseguí hablar con Obama unos segundos. Le expuse la situación. Todo lo que habíamos trabajado en esta visita. Todo lo que había en juego. Él respondió:

—Si fuese un ataque terrorista, no cambiaría mi agenda. Porque esas cosas son impredecibles y no podemos dejar que condicionen nuestra vida. Pero ha sido un problema nacional y un choque social. No puedo permanecer al otro lado del Atlántico.

Traté de formular alternativas:

—Quizá aún sea posible, no una visita, sino una escala. España queda entre Polonia y Estados Unidos. De todos modos, el *Air Force One* debe pasar por aquí.

El equipo de Obama examinó esa posibilidad. Se podría explicar en Estados Unidos como una simple parada en el viaje durante un fin de semana. Y así evitaríamos dejar en un aliado estratégico como España el mal sabor de boca de un plantón. Tras considerarlo rápidamente, el presidente tomó una decisión:

—Tengo que amanecer el lunes en la Oficina Oval para ponerme al mando de la situación. Y luego, debo viajar a Dallas el martes. Tienes 24 horas.

La consigna del presidente fue mantener los encuentros con altas autoridades y la visita a Rota. Hacía falta eliminar paseos, cenas privadas y discursos. Cualquier evento que pudiese parecer placentero, o incluso de índole económica, sería interpretado por la prensa de Estados Unidos como un desprecio a las víctimas de Dallas, y no estaban las cosas para echar más leña al fuego.

La noche de ese viernes debe de haber sido la más agotadora de la historia de la embajada: debíamos cancelar las invitaciones de cientos de personas y encajar los encuentros supervivientes en las agendas del presidente y el rey. Tuvimos suerte de que todos lo entendieran a la perfección.

Casi a medianoche del sábado, Obama llegó a mi casa. También eso constituía una excepción a la regla. Por lo general, los embajadores no decidimos nada sobre la agenda personal de los viajes presidenciales. Los equipos de los mandatarios se limitan a informar de sus planes a sus representantes en el extranjero: a qué ciudades viajarán, qué comerán y dónde dormirán. Los diplomáticos nos acomodamos a las órdenes. Además, los presidentes de Estados Unidos rara vez se quedan en las residencias diplomáticas. Prefieren hoteles donde puedan desplegar sus dispositivos de seguridad.

La embajada de Madrid se encuentra especialmente contraindicada, porque resulta más o menos accesible desde la calle a cualquier amenaza. De modo que todas las voces en Washington nos habían explicado que el presidente no podía quedarse en mi casa. Ni hablar. Imposible. Y la primera dama, tampoco.

Sin embargo, durante mis conversaciones con los Obama, obviamente los había invitado:

—Ustedes se quedan en casa, ¿verdad?

Ellos ya se habían quedado en nuestra casa las suficientes veces como para saber que nadie los trataría mejor que nosotros: la comida sería buena, la habitación cómoda, el ambiente grato. ¿Qué otra cosa podían esperar? Su propia casa había sido decorada por Michael. A ellos le gusta la confianza y nosotros podíamos ofrecérsela. Tanto Michelle como Barack Obama pernoctaron en la residencia durante sus visitas a España.

Y por la seguridad, el presidente no debía preocuparse: 2.600 policías rodearon la residencia durante todo el fin de semana. Los pobres vecinos soportaron controles y registros constantes. Aun así, los españoles se sentían orgullosos de la visita, y muchos de ellos se acercaron para hacerle una foto a nuestro invitado. Lamentablemente, no tuvieron suerte. Por una cuestión de procedimiento de la escolta presidencial, ni siquiera podía saberse en qué vehículo viajaba.

En la mañana del domingo, el rey recibió a Obama en el salón de columnas del Palacio Real, entre candelabros colgantes y lienzos históricos, antes de enseñarle el salón del trono y pasar a un encuentro bilateral en la cámara oficial, bajo el retrato de uno de sus antepasados. A pesar de su preocupación por la situación de la violencia en casa, Obama mostró la máxima atención hacia su anfitrión. Lo llamó «símbolo de la fortaleza de la nación». E incluso sonrió para recordar públicamente su primera visita a España durante sus años de estudiante:

—Esa vez no llegué en el *Air Force One* —dijo—, pero ¡tenía una mochila!

A pesar de los ajetreos del viaje, yo había conseguido salvar un pequeño almuerzo más personal y discreto para Obama que no haríamos público en ese momento. Él solo pidió que no llegasen veinticinco invitados. Le preocupaba que pareciese una fiesta. Así que tuvimos que seleccionar a solo siete de los veinticinco previstos. La reducción representaba una decisión terriblemente difícil porque todas esas personas se conocían entre ellas y las que quedasen fuera se sentirían relegadas. Así que entregamos la lista al equipo del presidente para que ellos hiciesen el corte. Yo no quería llamar a nadie para decirle:

—Lo siento, no pasaste la criba, pero tu amigo, sí.

La gente del presidente seleccionó a los invitados entre inversores, según su nivel de intereses en Estados Unidos y su sector: Ana Botín, del grupo Santander; José María Álvarez-Pallete, de Telefónica; el financiero Óscar Fanjul, fundador del grupo Vips; Plácido Arango y su pareja, la escultora Cristina Iglesias, en representación de las artes; y el arquitecto español Alberto Campo, porque en su juventud Obama había deseado (y afortunadamente, descartado) ser arquitecto, y por último el doctor José Baselga, como representante de la rama médica. Todos ellos recibieron una llamada la mañana misma del sábado:

—Si usted se encuentra en Madrid, lo invitamos a almorzar en la embajada.

Esa comida al margen de las cámaras y el público fue sin duda el momento más apacible de la visita. Como se trataba de un día cálido de julio, nos sentamos fuera, en la piscina, nos quitamos las chaquetas y nos relajamos. Guardo una foto muy bonita de ese día: se la tomé a Pete Souza, el fotógrafo oficial de Obama, mientras hacía su trabajo. Recientemente, organicé una fiesta para lanzar un libro de Pete y él me mandó su propia foto de ese instante, en la que salgo yo detrás del presidente. Ahora tengo los dos lados de la imagen, con el presidente en medio.

A continuación, Mariano Rajoy sostuvo la reunión oficial con su homólogo en el Palacio de la Moncloa. Se trataba de un encuentro muy extraño porque, en sentido estricto, no había una Administración. El presidente estaba «en funciones». España llevaba dos elecciones sin poder formar Gobierno y, aunque Rajoy ocupaba el palacio, no podía pasar leyes al Parlamento, nombrar nuevos ministros ni afrontar reformas importantes. Rajoy le regaló a Obama un jamón, pero no podía hacer mucho más. Incluso en sus declaraciones públicas, se le notaba abochornado por la situación.

Como en sentido estricto no había un Gobierno electo, la visita no podía limitarse al presidente español. Obama debía tener un gesto hacia todos los posibles próximos gobernantes. Nuestra embajada había programado reuniones con los líderes de las tres principales fuerzas parlamentarias españolas después del Partido Popular: PSOE, Ciudadanos y Podemos.

Yo ya los conocía a todos personalmente. En su momento, los había citado a todos en la embajada para conocer su posición sobre las relaciones Estados Unidos-España y tenía una idea formada sobre todos ellos: Rivera me parecía honesto y fiel a sus ideas; Pedro Sánchez, un hombre correcto y profesional; y en cuanto a Pablo Iglesias... encendía todas mis alarmas su capacidad de seducción.

Durante mi entrevista previa con Iglesias, resultó ser un tipo encantador. Su inglés era perfecto. Su hablar, muy suave. Sus maneras, amables. Sabía de muchísimos temas: política, entretenimiento, Hollywood, deportes. Y, por supuesto, sabía de Obama. Me dijo que Podemos había estudiado la campaña de nuestro presidente y la había usado como referencia para las suyas. En suma, te decía exactamente lo que querías escuchar... Y luego lo aprovechaba para hundirte.

En este tipo de reuniones, todos los detalles quedan fijados de antemano para evitar sorpresas desagradables. Uno de los detalles acordados entre la embajada y Podemos era que no habría fotos. Se trataba de evitar una imagen mía con el líder de la extrema izquierda y de mostrar unos Estados Unidos más cercanos a Sánchez y a Rivera, que sí habían tenido sesión de fotos. Obviamente, los diplomáticos no estamos autorizados a pedir el voto para nadie, pero sí podemos tener una opinión, y expresarla con pequeñas sutilezas, como esa.

Sutilezas que a Iglesias le importaban bien poco, claro. Al despedirnos, no había periodistas, pero Podemos había llevado su propia cámara. Iglesias me pidió tomarnos una foto. Y yo pensé: «Venga, vamos a ver qué pasa si lo hacemos». Al día siguiente, la foto que la embajada no quería estaba en toda la prensa con titulares controlados por Podemos. Y yo volví a recibir críticas en las redes sociales: «¿Cómo es posible?», «¡No te reúnas con comunistas!».

A pesar de todo, de cara a la visita de Obama, ese encuentro me previno contra lo que pudiese ocurrir.

Al encogerse la agenda del viaje debido a las manifestaciones de Texas, solo quedó un espacio para el encuentro entre el presidente y los líderes de la oposición: la base aérea de Torrejón de Ardoz. Podrían saludarse quince minutos en total mientras el avión presidencial se preparaba para volar a Rota. Hasta ahí llegaron Pedro Sánchez, Albert Rivera y Pablo Iglesias.

En la base, nada estaba preparado para la ocasión. Tuvimos que poner a Sánchez, Rivera e Iglesias juntos en una habitación. Obama esperaba en la de al lado y yo iba y venía llevándole a cada uno de los políticos. El tiempo apenas daba para intercambiar un par de palabras y hacerse la foto entre las banderas, tal y como ordena el protocolo, con una cortina de fondo para disimular la pared pelada.

El último en la fila fue Pablo Iglesias, que había llegado sin chaqueta ni corbata, en vaqueros y camisa remangada, y llevaba un libro para el presidente: *La Brigada Lincoln*, sobre los voluntarios estadounidenses que pelearon por la República durante la Guerra Civil.

El protocolo prohíbe terminantemente entregarles a los jefes de Estado regalos en estos encuentros. Pero yo ya tenía experiencia con Iglesias. Y no solo yo. Más o menos un año antes, en Bruselas, Iglesias se había saltado la cola para entregarle al rey Felipe *Juego de tronos* en DVD, lo cual había sido un error de quien estuviese al cargo. Esta vez, yo estaba al cargo:

—El libro no, por favor —lo detuve antes de pasar.

—¿Por qué? Es solo un libro. ¿No puedo darle un libro al presidente?

Ahí estaba de nuevo. De verdad, un encanto. Daban ganas de decirle a todo que sí. Pero...

—No.

Encargué a alguien del equipo que se llevase el libro y se lo hiciese llegar al equipo del presidente. Obama nunca lo vio, a menos que, de vuelta en Washington, lo buscase en la sección de regalos del archivo presidencial. De todos modos, cuando Iglesias salió del lugar, contó a la prensa que le había regalado el libro al presidente. Ya lo he dicho: él siempre sabía perfectamente lo que los demás querían escuchar.

(Por cierto: comparar los regalos a Obama de Rajoy e Iglesias —el jamón y el libro— es una excelente manera de entender sus diferencias.)

Para terminar, Obama visitó a los soldados estadounidenses en la base naval de Rota. Se trataba de la primera vez en la historia que un presidente estadounidense visitaba la base de Rota, un punto clave de nuestra estrategia antiterrorista con un destacamento de cuatro mil soldados. Por supuesto, Michael y yo acompañamos al presidente en el *Air Force One*, y Obama tuvo un gran detalle, muestra de su olfato político.

Al llegar a cada lugar, el presidente suele bajar del avión solo o con su familia. Sin embargo, esta vez, nos dijo:

—Chicos, ustedes vienen detrás de mí.

No solo se trataba de un gesto amistoso, sino de visibilizar frente a las Fuerzas Armadas de Estados Unidos que el respeto por la diversidad, especialmente la diversidad sexual, forma parte de los valores estadounidenses. Por supuesto, el mensaje se transmitía con sutileza. Sin alharacas. Seguramente, los militares presentes ni siquiera lo notaron. Para ellos, yo era el embajador y punto. Sin embargo, la gente de la comunidad LGBTQ que lo vio lo sintió como un triunfo.

Y eso que yo le dije a Michael mientras bajábamos las escaleras:

—Tenemos que ir cinco escalones detrás del presidente. Este es su momento.

Lo fue. El presidente se dio un pequeño baño de masas en Rota, presentado por el ministro Morenés, y subió al *USS Ross Navy*, uno de nuestros barcos que acababa de llegar a la base. Los soldados lo recibieron derrochando alegría, felices de sentir reconocido su trabajo por la seguridad de Estados Unidos y Europa. Estoy seguro de que Obama se sintió muy bien acogido.

Eso fue lo último. A continuación, regresó a Washington. Su viaje a España había terminado en menos de 24 horas, y al producirse durante un Gobierno en funciones, había carecido de grandes anuncios. Sin embargo, había servido para destacar la importancia de la relación entre los dos países, celebrando nuestro pasado y augurando un sólido futuro.

En el libro de visitas de la embajada, el presidente dejó la siguiente inscripción:

> James y Michael:
> Es una bendición para mí teneros como tan buenos amigos, y Estados Unidos tiene mucha suerte de teneros como representantes en España.

De vuelta en casa, Obama mostró liderazgo en el tema de Dallas y redujo la tensión social. Los enfrentamientos callejeros se detuvieron. La misión del líder, a fin de cuentas, era mejorar la convivencia.

No como Donald Trump, que cada vez que ve un fuego, le echa gasolina.

Obama y el rey

En septiembre de 2014, Felipe VI encaró su primer gran compromiso internacional como rey de España: la Asamblea General de las Naciones Unidas. En su discurso, dio muestras de tener ambición y talla para convertirse en un líder global:

> Cada niño atrapado en situaciones de crisis o de violencia, cada mujer que es vejada o limitada en sus derechos simplemente por serlo; cada enfermo que fallece por falta de medicamentos; o cada anciano abandonado; también cada familia sin alimento y sin esperanza por una injusta distribución de la riqueza...; o cada periodista asesinado por cumplir con su deber de informar son otras tantas interpelaciones a nuestra conciencia y a nuestro deber, otras tantas llamadas a la acción.

El objetivo de España en la ONU era asegurarse un asiento en el Consejo de Seguridad, lo que a la postre lograría. Sin embargo, Felipe tenía un reto más: aprovechar la oportunidad para ganar espacio en el mundo. Su coronación no había tenido la repercusión internacional que él merecía. Las prisas, la austeridad económica, la necesidad de proyectar una continuidad tranquila de la monarquía... habían desaconsejado los grandes fastos y las invitaciones a mandatarios. Todo muy razonable, claro, pero el nuevo jefe de Estado había proyectado al planeta cierta sensación de soledad.

Obama se encontraba en la Asamblea de la ONU, como cada año. Tradicionalmente, el primer periodo de Gobierno de cada presidente de Estados Unidos se dedica a la administración interior. El segundo pone el énfasis en el lugar del país ante el mundo. Mientras el rey Felipe trataba de proyectar a España como un actor internacional de primer nivel, el presidente estadounidense proponía un orden mundial basado en el diálogo:

> Una cuestión central en nuestra era global es si podemos resolver nuestros problemas juntos con un espíritu de interés y respeto mutuos, o si descendemos a las rivalidades destructivas del pasado. Cuando los países encuentran terreno común, no solamente basado en el poder, sino en los principios, entonces podemos lograr enormes progresos.

Aprovechando la presencia de ambos líderes en Nueva York, yo moví mis hilos para reunirlos unos minutos. Llevaba maquinando esa reunión desde la visita de los príncipes a California el año anterior. Me parecía clarísimo que los dos jefes de Estado se entenderían bien, porque ambos eran jóvenes bien formados que compartían valores sólidos y preocupaciones de futuro. Tenían mucho en común.

Para mí, ese día estuvo a punto de convertirse en una pesadilla, por cierto. La reunión se llevó a cabo en el hotel Waldorf Astoria, donde Obama ocupaba prácticamente dos plantas con su equipo de seguridad. Yo tuve un encuentro previo con el jefe del Consejo Nacional de Seguridad... Y nos quedamos atascados en un ascensor.

De repente, las puertas no se abrían. Y yo tenía que presentar a dos de los hombres más importantes de Occidente. Me encontraba rodeado de algunos de los cerebros de la seguridad mundial. Pero, maldita sea, nadie ahí sabía cómo abrir la puerta de un ascensor antiguo.

Por suerte, la situación se arregló justo a tiempo y logré llegar para presentar a Felipe y Obama en una hermosa suite del Waldorf Astoria. Fue un encuentro en *petit comité*: solo ellos, el ministro Margallo y yo. Como esperaba, los jefes de Estado sostuvieron una reunión muy cordial y muy general. No se trataba de una cumbre con agenda cerrada, así que gozaban de cierta libertad para conversar. Hablaron sobre Juan Carlos, la historia de los dos países, nuestros intereses comunes comerciales, nuestra colaboración militar... Lo principal era que simpatizasen, para pensar más adelante en una visita de Estado del rey a la Casa Blanca. Y no me equivoqué sobre la afinidad entre ellos. Después de ese encuentro, resultó relativamente fácil organizar otro.

Casi exactamente un año después, se produjo la visita de Felipe a la Casa Blanca. Mientras Michelle ofrecía un té a Letizia —que al día siguiente cumpliría cuarenta y tres años—, el rey y el presidente se reunieron durante casi una hora en la Oficina Oval.

Al salir, frente a la prensa, el rey invitó a Obama a venir a España. La respuesta del presidente debió de sonar como música para sus oídos:

—Es el país que más ganas tengo de visitar.

Además de los piropos y la visita, España tenía un interés muy concreto en esta reunión. Faltaban apenas días para unas elecciones catalanas cruciales. El independentismo liderado por Artur Mas quería convertir los comicios en un plebiscito sobre la permanencia de Cataluña en España. Los nacionalistas habían desplegado toda una estrategia para internacionalizar sus demandas con la esperanza de crear presión externa sobre el Gobierno español. En esas circunstancias, la actitud de la Casa Blanca adquiría una importancia especial.

El ministro Margallo y el jefe de Gabinete presidencial Jorge Moragas me habían estado presionando para conseguir un respaldo claro de Obama a la unidad española. Yo no podía anticipar nada de lo que haría el presidente. Pero la mañana misma de la reunión, mientras esperábamos a Felipe, hablé con él y con el secretario de Estado John Kerry. Les dije que un apoyo a España sería importante para nuestro país amigo, para mí personalmente y para los empresarios de nuestro país con intereses en la zona, que requerían estabilidad y seguridad jurídica. Obama me respondió:

—De acuerdo —hizo algunas consultas—, lo haré. —Y tomó nota.

Evidentemente, los países no pueden intervenir en los asuntos internos de sus iguales. Mientras se preparan los documentos oficiales de las reuniones, los asesores y redactores se devanan los sesos buscando fórmulas para expresar apoyos sin que se conviertan en interferencias.

Durante su discurso, Felipe ni siquiera mencionó temas nacionales. Pero tendió la mano:

—Nos necesitamos mutuamente. Nos necesitamos con otras naciones. Estamos en un momento en el que todo lo multilateral adquiere enorme importancia.

Y Obama aceptó el envite. Siempre sin citar Cataluña, el presidente se declaró a favor de una España «fuerte y unificada (strong and unified)». Más tarde, el secretario de Estado John Kerry, en su intervención junto a Margallo, calcó esas palabras.

En el lenguaje cotidiano, uno apenas notaría intención en estas frases. Pero en estas ocasiones, se habla un lenguaje diplomático. Hay que tener en cuenta que si un líder se compromete con una declaración demasiado apasionada, otros países con problemas similares —o que crean que sus problemas son similares— le reclamarán declaraciones equivalentes. Por eso, la diplomacia requiere de una extraordinaria prudencia. Aun así, la referencia a una España unificada era el apoyo internacional más claro que España había recibido hasta entonces. Y su sentido les resultó clarísimo a todos los involucrados: estábamos haciendo historia una vez más, cambiando la política de los Estados hacia España.

Bueno, no a todos. O no en un primer momento.

Lo cierto es que la intérprete se confundió. Precisamente en esa frase, la más importante del día, quizá la más importante de la relación entre ambos países desde la guerra de Cuba, la traducción falló. Donde Obama dijo querer «una relación con una España fuerte y unificada», la versión española sonó «una relación fuerte y unificada con España».

Acostumbrado por toda una vida de trabajo internacional, el rey Felipe tiene un control de sus gestos digno de un actor de Hollywood. Pero hasta él torció el gesto al darse cuenta del error. Los españoles presentes se pusieron furiosos. Lo peor es que era nuestra intérprete. Nuestro error.

Por supuesto, Margallo no perdió la oportunidad de recordármelo:

—¿Cómo ha podido pasar esto? ¿De dónde habéis sacado a esa traductora?

Y yo alcancé a decir:

—¡Lo siento, lo siento! La despediremos. Ya está despedida.

La verdad, no sé si alguien despidió a la intérprete. Supongo que la perfección es un ideal inalcanzable. En todo caso, la cosa no salió tan mal, después de todo. Porque, a fin de cuentas, los medios informaron del encuentro en directo y luego volvieron a informar para corregir el error de traducción. Así que, en cierto modo, la declaración tuvo más resonancia de la que planeábamos.

Pero es increíble cómo un solo fallo, por mínimo que sea, de una persona también pequeña cercana a los hechos puede llegar a tergiversarlos. La diplomacia consiste en crear los canales para que los países se comuniquen con claridad. (A menos, claro, que seas Donald Trump, a quien no le importa incendiar la pradera con un tuit. El mundo de Trump es un mundo en el que no importan las palabras.)

Los viajes de Felipe a Estados Unidos durante el segundo Gobierno de Obama se realizaron año tras año en la misma temporada, y siempre marcados por la actualidad internacional. El siguiente mes de septiembre, en 2016, regresó a la Asamblea de las Naciones Unidas.

Esta vez, a diferencia de 2014, el rey no podía permitirse demasiadas apelaciones a la conciencia universal. Tenía bastantes problemas en casa. España pasaba por uno de sus momentos más delicados desde la crisis económica: ahora se hallaba hundida en la parálisis política. El Gobierno de Rajoy llevaba dos elecciones y nueve meses en calidad de interino, sin poder ejercer el poder plenamente. Y ningún partido podía sumar las alianzas parlamentarias necesarias para sustituirlo. El país parecía abocado a unas terceras elecciones y nada garantizaba que fuesen las últimas. La credibilidad internacional española se tambaleaba. En medio de la tormenta, Felipe trató de transmitir un mensaje de calma:

> Todas las democracias avanzadas, como la nuestra, atraviesan en algún momento de su historia coyunturas complejas. Pero las superan por la fortaleza y la cohesión de su sociedad, la solidez de sus instituciones y la vigencia de su sistema de libertades. Cuando, juntos, convivimos en un marco democrático que salvaguarda nuestros derechos y libertades —tan arduamente conquistados— con respeto a nuestra diversidad, es cuando damos lo mejor de nosotros mismos y cuando más y mejor contribuimos a la paz, la seguridad y la prosperidad de la comunidad internacional. Y así lo vamos a seguir haciendo.

En la Asamblea de las Naciones Unidas se hallaba también Obama para su última comparecencia ante ese foro. Su discurso tuvo sabor a despedida y recordó sus prioridades en política internacional, como la lucha por la preservación del medioambiente. También llamó la atención sobre las contradicciones del capitalismo global, que aunque ha mejorado la vida de millones de personas, también ha creado graves diferencias entre ricos y pobres.

El Obama que había tratado de crear un mundo de diálogo y colaboración, este año reconocía los límites de sus esfuerzos. Y se mostraba más escéptico sobre la posibilidad de arreglarlo todo con buena voluntad. Sus acusaciones contra Rusia se formularon en términos inusualmente duros:

> En un mundo que ha dejado atrás la era de los imperios, vemos cómo Rusia intenta recuperar su gloria pasada por la fuerza. Si Rusia continúa interfiriendo en los asuntos internos de sus vecinos, eso podrá ser popular en su país. Podrá impulsar fervor nacionalista durante algún tiempo. Pero con el paso del tiempo, también va a disminuir su estatura y hacer que sus fronteras sean menos seguras.

En esa ocasión, los reyes de España asistieron a una cena organizada por los Obama para todos los invitados. Esa fue la última vez que se encontraron en activo los dos líderes que representaban la renovación de sus países, con sus anhelos y proyectos, pero también con sus obstáculos y frustraciones.

CONECTANDO PERSONAS

La herencia de Jackie

Durante su tiempo como primera dama, Jackie Kennedy potenció una nueva herramienta política: la belleza. La decoración de la Casa Blanca se transmitía por televisión. La vida social de la pareja presidencial se empleaba como un escaparate de la cultura americana. Y se creó el programa Arte en Embajadas para que la creación formase parte del diálogo político entre Estados Unidos y el mundo.

Diplomáticamente, esta última fue una idea genial. Incluso si estás negociando un asunto bilateral delicado y tenso, puedes encontrar en el arte un territorio común con tus interlocutores. La imaginación es el espacio ideal para el acercamiento. Así que Arte en Embajadas se convirtió en un éxito inmediato y permanece hasta hoy en el Departamento de Estado.

Mi embajada en Madrid se suscribió al programa y añadió decenas de piezas, sobre todo de artistas vivos pertenecientes a minorías sexuales o periféricas, en la misma línea que Michael había seguido para la Casa Blanca. Además, yo llamé personalmente al museo de James McNeill Whistler, el mejor pintor de Lowell del siglo XIX, para pedir seis de sus bocetos, que colgué en mi despacho. A diferencia de Obama, que tenía un Whistler colgando en su dormitorio de la Casa Blanca. Por último, pedimos en préstamo a coleccionistas privados algunas obras españolas que permitiesen ilustrar los puentes y paralelos entre nuestros dos países.

La directora del programa, Virginia Shore, accedió a acoger esas obras y, sobre todo, a asegurarlas, que es lo más delicado porque nunca sabes lo que puede ocurrir con ellas. Recuerdo una anécdota al respecto: una vez, durante un cóctel en la residencia, sorprendí a mi amigo Miguel Arias apoyado con la mano sobre la pintura de Julie Mehretu *Ala de chorlito*, un lienzo de 3 × 4 metros que parecía una pared. Desde el otro lado de la habitación, me acerqué a Miguel y le dije:

—¿Sabes que tienes la mano sobre una pintura de cinco millones de dólares?

—¡Lo siento! ¡No tenía ni idea!

La pintura no sufrió daños. Pero, en fin, para ese tipo de cosas hacen falta los seguros.

Una vez que reunimos ochenta piezas, la mayor colección de una embajada en la historia, decidimos dar un paso más allá: nos parecía injusto que esas piezas fuesen disfrutadas en exclusiva por los invitados a recepciones oficiales. Teníamos, quizá, la mejor colección comparada de arte contemporáneo estadounidense y español en el mundo y la exhibíamos en el centro de Madrid. Nos sentíamos obligados a compartirla con la comunidad.

Un día, hice fotos de la colección y las colgué en Twitter, invitando a todo el mundo a conocerla. Horas después, la embajada había recibido decenas de solicitudes. Mis colaboradores vinieron a preguntar:

—Embajador, ¿qué ha hecho?

—Oh, me pareció que deberíamos enseñarle el arte a más gente. Así que he invitado a España.

Comenzaron a venir grupos de escolares en visitas guiadas. Costaba mucho trabajo, porque no puedes simplemente abrir la puerta de la residencia y dejar a la gente entrar. Hacía falta organizar un dispositivo de seguridad y un protocolo que requirieron un gran esfuerzo. Pero la embajada contaba con un gran equipo que invirtió tiempo y dedicación. Y reclutamos a Almudena, una guía profesional que llevaba tiempo trabajando en el Reina Sofía y otros museos, y que podía contar fabulosamente toda la historia de España a partir de un cuadro.

De un día para otro, cada vez que cruzaba nuestro salón, me topaba con treinta o cincuenta niños armados con cuadernos de dibujo y iPhones, chicos que quizá nunca visitarían Estados Unidos, pero que tenían ahí una rica muestra de nuestro paisaje cultural. De paso, conocían a nuestros perros, deliberadamente llamados Whistler y Greco.

Nuestro proyecto no solo consistía en colgar las pinturas, sino en llevar a España a sus autores y ponerlos en contacto con la sociedad. Por cierto, a muchos de ellos los llevamos —como a los funcionarios o los actores— con otra pieza de arte: un libro de fotos de Madrid de Fernando Manso; imágenes fantasmagóricas y etéreas de la belleza de la ciudad que regalábamos a maestros conocidos estadounidenses para tentarlos a visitarnos. Esa es otra forma en que el arte conecta a las personas: como carta de presentación de una cultura, un lugar, una gente.

Durante mi gestión, la embajada concertó muchos encuentros entre galerías o museos de Madrid y los artistas que exhibíamos. Bajo nuestro auspicio, Philip Taaffe, Theaster Gates, Glenn Ligon, Catherine Opie, Mona Kuhn y españoles como Cristina Iglesias ofrecieron charlas a estudiantes sobre su inspiración personal y sobre su carrera profesional: cómo hacerse un sitio en el mundo del arte, qué hacer si el trabajo no se vende, cómo explorar nuevos materiales.

Los artistas estadounidenses se alojaban con nosotros en la residencia y al final de día se les notaba llenos de la energía que los españoles les habían transmitido. La mayoría de las veces, regresaban para exponer su trabajo en galerías y en la feria ARCO. O vendían piezas a coleccionistas locales, abriendo nuevos caminos para su arte y nuevos puntos de contacto entre nuestros dos países.

En cuanto a la importancia del arte, mi historia favorita es la del retrato de Hércules, el cocinero de George Washington.

Hércules era un esclavo afroamericano en la casa de Washington, pero tenía un don para la cocina. Cuando mi país se independizó del Reino Unido, Washington se lo llevó como primer chef de la casa presidencial. Allí, el retratista oficial de los presidentes, Gilbert Stuart, lo pintó con su uniforme y su gorro de cocinero.

Aparte de su sueldo, Hércules estaba autorizado a vender las sobras de sus platos, lo que le hizo ganar mucho dinero. Y, sin embargo, la capital del país no dejaba de ser un lugar clasista, donde un afroamericano sería visto para siempre como un esclavo. Hércules terminó por abandonarla para trabajar en algún estado sin esclavos. No se volvió a saber de él.

Hércules representa muchas de las mejores cosas de Estados Unidos: la movilidad social, el sentido emprendedor, el nacimiento de nuestra democracia y la libertad personal. Y su retrató acabó... en España. Para ser precisos, en el Museo Thyssen Bornemisza.

En noviembre de 2015, el museo nos prestó el cuadro para exhibirlo durante seis meses en el comedor de la residencia. Pasado ese periodo, mandamos a Hércules a Mount Vernon, donde se encuentran los restos de Washington. El día que Hércules volvió a reunirse con su jefe, los afroamericanos ya no se sentaban en la cocina, sino en el Despacho Oval. Hoy, mientras el presidente Donald Trump promueve el racismo y los muros a nivel global, resulta más importante que nunca recordar estas historias.

Para recibir a Hércules en casa, organizamos una cena de Acción de Gracias que le habría encantado. En general, las fechas de Acción de Gracias encarnaban todo lo que la embajada quería promover en el aspecto social. Aunque típicamente estadounidense, esta fiesta tiene un espíritu universal: la comunidad se reúne en torno a la mesa para agradecer las cosas buenas de la vida. Así que en la embajada solíamos organizar tres o cuatro eventos cada noviembre, culminando con una gran cena de cien invitados provenientes de todos nuestros ámbitos de influencia: jóvenes, Casa Real, andorranos, militares, emprendedores y, frecuentemente, invitados especiales de Estados Unidos; nos reuníamos en torno a una cena cultivada en los jardines de la Fundación A LA PAR y preparada con ayuda de niños inmigrantes bajo la dirección de nuestro chef en España Byron y de nuestro chef de Los Ángeles Chris Kidder.

La noche que llegó Hércules, contamos con la presencia de la empresaria y estrella televisiva de la cocina Martha Stewart. Chris y Byron prepararon platos orgánicos inspirados en la cocina de Mount Vernon. Martha y Kim Kidder se ocuparon de los postres.

Durante la noche de Acción de Gracias de 2015, el arte sirvió para unir a dos países, recordar nuestra historia, reforzar los valores de la democracia y actuar de un modo solidario. O sea, todo lo que Jackie había querido e inspirado.

Hollywood en Madrid

Mi máximo objetivo diplomático fue convertir la embajada en una plataforma, un espacio de intercambio y diálogo entre España y Estados Unidos a un nivel que ningún embajador hubiese alcanzado antes, integrándola, más allá de empresarios y funcionarios, en el conjunto de la sociedad española.

En ese esfuerzo, como anoté en el capítulo anterior, el arte encarna nuestra diversidad e inspira a los jóvenes españoles a descubrir mi país. Por lo tanto, no podía prescindir de nuestra manifestación artística más emblemática, la que ha llevado a Estados Unidos a los hogares de todo el planeta: el cine de Hollywood.

Igual que con las pinturas, organizamos sesiones privadas de proyección de películas americanas en la embajada, incluso antes de su estreno en los cines. Para eso, instalamos una sala de proyección con treinta butacas y un proyector de última generación, y cerramos tratos con productoras de California para tener acceso digital a sus nuevos lanzamientos. Proyectamos, entre muchas otras, *El puente de los espías*, de Spielberg, *Alicia a través del espejo* o *House of Cards,* con invitados como Belén Rueda, Juan Luis Cebrián y José Ramón Bauza. Luego, les invitábamos a una cena. Alguna vez, Chris Hemsworth y Tom Hiddleston nos acompañaron en algunas de esas veladas durante sus viajes promocionales. Esas sesiones servían también como espacio para hablar de uno de mis principales objetivos políticos: la protección de los derechos de autor.

Como a los pintores, trajimos a los artistas de cine o de la moda para que tuviesen contacto con la industria y la sociedad españolas. Por ejemplo, invitamos a Anna Wintour, la editora jefa de *Vogue* y la mujer más poderosa de la moda contemporánea.

Anna no había venido a España en diecisiete años, pero aceptó mi invitación. Debo admitir que, para asegurar su viaje, cometí una pequeña travesura: la invité personalmente durante una cena en la Casa Blanca, enfrente del presidente Obama. Supongo que no le dejé margen para negarse.

Anna llegó a finales de septiembre de 2015, forzando un día entre la semana de la moda de Milán y la de París. Alguna prensa se quejó entonces de lo que llamaron «blindaje» de la embajada a esa visita, porque el equipo de Wintour no nos autorizó a publicar su agenda ni permitió tomar fotos de los asistentes a sus charlas. Pero, para sus parámetros habituales de seguridad y discreción, Anna actuó con increíble generosidad hacia nosotros y España. Concedió una charla en el Museo del Traje ante ciento cincuenta personas y se reunió con empresarios y diseñadores como Agatha Ruiz de la Prada, Sybilla, Víctor Alonso (de Maria ke Fisherman), Álvaro Castejón (de Alvarno) o periodistas como Eugenia de la Torriente, que en ese momento trabajaba en *Harper's Bazaar* y significativamente pasó después a editar *Vogue*. Por supuesto, también con el ministro de Industria, José Manuel Soria. Por si fuera poco, concedió una entrevista de portada a *El País Semanal*. No se puede pedir más en poco más de veinticuatro horas.

España es famosa por sus textiles. Desde Sevilla hasta Asturias, la creatividad en el diseño es uno de los distintivos de este país. Sin embargo, a la industria de la moda le falta una organización que la represente para apoyar a los jóvenes diseñadores y más experiencia para dar a conocer su trabajo en el extranjero. Anna vino para ayudar con su conocimiento a afrontar esos retos. Por ejemplo, pidió al ministro más apoyo a la industria desde el Estado y sugirió colocar la semana de la moda española en un momento más propicio del año, entre otras citas europeas. Su labor fue aconsejar, inspirar y animar, no salir en las páginas de Sociedad.

También recibimos una vez a Harrison Ford, que llegó de vacaciones, justo antes de rodar la quinta entrega de Indiana Jones, acompañado por su pareja, Calista Flockhart, y con una espesa barba blanca como de Santa Claus. A Ford lo llevé al bar Cock, y Kike Sarasola le organizó una fiesta privada en su hotel, el Room Mate, para presentarle a colegas españoles, como uno de nuestros grandes amigos, Miguel Ángel Muñoz.

Sarah Jessica Parker, que vino para el lanzamiento en España de HBO, se vino con nosotros a un tablao flamenco. Y luego se fue de tiendas con Michael. En particular, disfrutó de la tienda *pop up* de Javier Medina en La Latina, que hace unas cabezas de toro de paja divinas. Sarah entró en el pequeño local y el vendedor se quedó alucinado. ¡Era su actriz favorita!

Gracias a mi amigo Gerard Guiu, Sarah, su esposo, Matthew Broderick, y sus dos hijos fueron también a un partido del F. C. Barcelona, así que su paso por España fue muy completo. Al marcharse, dejaron en mi libro de visitas una dedicatoria muy cariñosa:

> Atesoraremos este tiempo en vuestro hermoso hogar. Los recuerdos de estos días maravillosos en Madrid permanecerán para siempre vívidos debido a vuestra hospitalidad, vuestra generosidad y el tiempo que hemos compartido.

Gwyneth Paltrow se quedó en la residencia dos o tres veces porque estaba trabajando como imagen de marca para Tous. Ella adora España, donde vivió de niña por un intercambio estudiantil. Durante sus visitas, nos presentó a la gente que la había acogido entonces, a la que aún llama «mi familia española». A uno de ellos incluso lo invitó a la ceremonia cuando estuvo nominada a los Oscar.

Todos estos invitados encontraban el país completamente mágico. Y con frecuencia se sentían muy inspirados por él. Alguna vez invitamos a uno de los diseñadores de Óscar de la Renta, y su siguiente colección de temporada tuvo una fuerte influencia española. Además, debo decir que los madrileños son extraordinariamente *cool* respecto a los famosos. Muy respetuosos. Los miran, pero no se acercan. No los agobian. Eso les permite sentirse cómodos cuando pasan por la ciudad, sin importar lo conocidos que sean.

Los que no disimulaban nada su impacto eran los marines de la residencia, que se pasaban el día metidos en su caseta de vigilancia para hacer nuestra vida segura. A esos jóvenes patriotas, en premio a su sacrificio, siempre les llevábamos a los actores para que los saludasen. Daba gusto ver sus caras de felicidad.

De manera natural, la llegada de todas estas celebridades me dio una cuota de celebridad a mí también. Ya he hablado de la final de *MasterChef Junior* de la embajada, pero también asistí como entrevistado a programas de televisión de Alaska. O al de Andreu Buenafuente, *Late Motiv*, donde incluso bromeamos sobre la coleta de Pablo Iglesias. Nada de esto fue casual. Es lo que yo llamo «diplomacia moderna»: buscar los canales adecuados para dar el máximo eco a cada mensaje. En *MasterChef*, por ejemplo, pude hablar de las iniciativas de la Casa Blanca sobre alimentación sana. Con Buenafuente, anuncié la visita de Obama, que acababa de confirmarse. En *Men's Health* conté las políticas sanitarias y de vida saludable del Gobierno estadounidense. Y, por supuesto, la embajada nunca dejó de aparecer en los medios financieros y páginas políticas.

Solo al final de mi gestión me atreví a hacer algo más audaz para *Icon*, la revista de estilo masculino de *El País*. Ellos querían una sesión con un fotógrafo de moda en mi apartamento de Nueva York. Se trataba de su primera portada con alguien que no fuese un famoso «normal». Y yo accedí a hacerme unas fotos en mi propia cama, con una pajarita abierta y camisa con gemelos. Esto sí fue más personal, porque se trataba de mi despedida de España, y me apetecía abrir una ventana a quien era yo realmente. Buscaba una forma de decir que mi relación con ese país iba mucho más allá de mis obligaciones laborales.

Ahora bien, incluso ese caso tuvo un sentido político. Al igual que había hecho con Anna Wintour, se trataba de llevar a la industria de la moda el mensaje de que puede encontrar un apoyo en Estados Unidos. La creatividad española es objeto de deseo para todo el mundo y una enorme fuente de trabajo. No estaría mal que sus propios líderes y representantes políticos mostrasen algo de interés por ella también.

Entre todas las estrellas que trajimos a España, nuestro invitado más polémico, dado lo que ocurrió después, fue Harvey Weinstein, quien produjo nuestro espectáculo en el Conde Duque el 4 de julio de 2015 en homenaje al teatro de Broadway. Aquí debería poner unas líneas sobre él.

Weinstein era uno de los hombres más poderosos de Hollywood y ese año inauguraba una nueva faceta como productor teatral en Manhattan, de modo que resultaba perfecto. Y debo decir que hizo un trabajo deslumbrante con los números musicales: consiguió a Laura Benanti, ganadora de un premio Tony, a Norm Lewis, que venía de *El fantasma de la Ópera,* y a Jared Grime, que había compartido escenario con Mariah Carey, todos cantando clásicos de la ciudad como *New York, New York* o *Singing in the Rain.* Por si fuera poco, la banda de la Fuerza Aérea interpretó a Beyoncé, todo presidido por una gigantesca bandera de barras y estrellas.

Como de costumbre, le organizamos a Weinstein una conferencia para estudiantes y profesionales del séptimo arte en el auditorio de la Academia de Cine: otra forma de patrocinar la industria española creando lazos con Estados Unidos.

Por supuesto, en aquel entonces, no tenía idea de lo que el productor escondía. Apenas lo conocía. En Hollywood corría el rumor de que era mujeriego, pero no un depredador. Me quedé horriblemente sorprendido más adelante, cuando la prensa reveló sus excesos. Ya estaba llegando la hora de cortar de raíz ese tipo de actitudes en todos los centros de trabajo y de poder. Afortunadamente, Weinstein se convirtió en el catalizador de toda esa lucha, generando manifestaciones de repulsa a escala global y todo un cambio de cultura respecto a las relaciones laborales.

No es casual que esta bomba haya explotado en el mundo del cine. Es más bien una sublimación de emociones. Los artistas son sensibles. El mundo del cine en particular se concentra en Los Ángeles y Nueva York, con poblaciones muy progresistas. Pero en las últimas elecciones, todos ellos vieron subir al poder a un tipo que había dicho sobre las mujeres eso de «Cuando eres una estrella, te dejan hacerles cualquier cosa. Agarrarlas por el coño, cualquier cosa». Y no había pasado nada. Donald Trump ni siquiera se había disculpado. Su esposa no le había exigido un arrepentimiento público, como si eso fuese algo natural en las parejas. Y él ni siquiera había parado de contar chistes machistas sobre las mujeres y su menstruación.

Mi entorno —y yo mismo— vive con frustración e impotencia el reflejo de su propio país que le ofrece la Casa Blanca, en este y en muchos otros temas. A Hollywood le da rabia no poder exigirle cuentas a ese hombre y ha optado por pedírselas a su propia gente, por mostrarse mejores y más rigurosos que el presidente, por hacerse a sí mismos lo que no le podían hacer a él.

El hijo del marine

Mis abuelos paternos emigraron de Grecia a Massachusetts, donde tuvieron cuatro hijos varones. Pero mis abuelos murieron muy jóvenes, dejando a los chicos adolescentes y sin sustento.

En busca de un trabajo y una educación, los cuatro acabaron enrolándose en las Fuerzas Armadas: tres de ellos se hicieron marines y uno, piloto de las Fuerzas Aéreas. Todos pelearon en la guerra de Corea, excepto mi padre. Él fue designado para un puesto de élite en la escolta de Camp David, la residencia de descanso presidencial, durante el Gobierno de Harry S. Truman.

A pesar de que toda mi familia paterna había tomado las armas en nombre de Estados Unidos, yo no crecí en una familia de veteranos patriotas. Para ellos, lo fundamental de las Fuerzas Armadas había sido la formación profesional. Gracias a ella, al regresar a la vida civil, mi padre pudo colocarse de administrador en la agencia de la NASA que desarrollaría las primeras cámaras para filmar en el espacio. Y ese es el trabajo que yo le conocí toda la vida. La vida como marine pertenecía a una etapa tan temprana de su vida que apenas se hablaba al respecto en nuestra casa.

No obstante, para mi sorpresa, más de sesenta años después, su carrera militar resultaría reconocida.

Como expliqué en otro capítulo, mis primeras labores como embajador en España no tuvieron lugar en España, sino en Stuttgart, donde pasé dos días antes de llegar a Madrid y me reuní al más alto nivel con los oficiales a cargo de los comandos militares estadounidenses para Europa y África: EUCOM y AFRICOM. Quién iba a decirlo: todos —especialmente los marines— sabían que mi padre había servido con ellos, así que me trataron con mucho aprecio. Si has sido marine una vez, lo eres para siempre. Y los militares sabían que yo hablaba su idioma.

Mis reuniones en Stuttgart versaron sobre la estrategia regional de nuestra alianza defensiva, la OTAN, especialmente enfocada en combatir el terrorismo yihadista, la piratería en el cuerno de África y las amenazas de misiles balísticos, como los desarrollados por Irán o Corea del Norte, contra territorio europeo o norteamericano.

En el aire aún flotaba el humo de Bengasi. Un año antes, en esa ciudad, se había producido un ataque con cohetes contra el consulado estadounidense en Libia. El embajador y tres funcionarios habían sido asesinados en un confuso episodio que seguiría creando polémica durante años. Para que no se repitiese una tragedia como esa, nuestros altos mandos militares estaban organizando comandos de intervención rápida para el norte de África y Oriente Próximo: los llamados SPMAGTF-CR, por las siglas en inglés de Unidad Especial de Infantes de Marina en Misiones Aire-Tierra, Respuesta ante Crisis.

El Sahel y el desierto comprenden una extensión mucho mayor que el continente europeo, pero tienen muchas menos infraestructuras. Las distancias de un centro poblado a otro son larguísimas. Hacía falta un equipo de marines capaz de cubrirlas a gran velocidad y un dispositivo que permitiese a las tropas con base en Europa entrar en acción en el lapso de dos horas. Y ¿cuál es el mejor punto de encuentro para las tropas provenientes de Estados Unidos y de Europa que han de desplazarse hacia el sur? Pues España.

Mi viaje a Stuttgart transmitió dos mensajes sutiles, dirigidos en particular a mis contrapartes en el Ministerio de Defensa espa-

Junio de 2016. Despidiéndonos de nuestra querida Michelle Obama, tras haber pasado tres días de visita oficial en Madrid. © Getty Images

Fiesta de despedida. Pasando el relevo a mi consejero Kris Urs. #Alwaysforwardtogheter
© Diego I. Colmenares

Con los empleados de la Embajada. No lo habría conseguido sin vuestra ayuda.
Gracias por todo. © Diego I. Colmenares

Con el almirante Santiago Bolíbar, el capitán Ten Hoppen y la unidad militar
de la embajada. © Diego I. Colmenares

Glamour y risas con Sarah Jessica Parker en ocasión del lanzamiento de HBO España.
© Diego I. Colmenares

Perrotón anual en Madrid con el equipo de la embajada y nuestros perros.

En el jardín de casa, en Los Ángeles, con nuestros perros, Jasper, Lily y Sport, que no pudieron acompañarnos en nuestra aventura por España. © Art Streiber

Clausura del evento en honor a Bernardo de Gálvez con José Manuel García-Margallo, por entonces ministro de Asuntos Exteriores. © Diego I. Colmenares

Convirtiéndome en miembro honorario del F.C. Barcelona con el presidente Bartomeu, miembros de la junta directiva y el cónsul general de Estados Unidos en Barcelona, Marcos Mandojana. #MésQueUnClub.

El futuro nos rodea. Los ganadores de la beca otorgada por la Fundación Amancio Ortega para ir a estudiar a Estados Unidos. #JóvenesPromesas

Izando nuestras banderas en la asta de la embajada para inaugurar el mes del orgullo LGBTQ, proclamado por Obama.

30 de abril de 2015. Saludando al capitán y la tropa del buque *USS Porter* tras su llegada a la base naval de Rota.

Un poco de tontería tras la intensa entrevista con el periodista y corresponsal de Defensa del *ABC*, Esteban Villarejo, sobre las relaciones militares entre España y Estados Unidos y la importancia de la OTAN.

Junto al primer ministro andorrano, Antoni Martí Petit. Por muchos años más gozando de una relación positiva y productiva entre ambos países.

Con Anna Wintour en el salón de la residencia en ocasión de su visita para conocer a jóvenes diseñadores españoles. © Gorka Lejarcegi

Retrato *impromptu*. Sesión fotográfica para el reportaje de *Vanity Fair* sobre mi nuevo papel como embajador de Estados Unidos en España. © Jonathan Becker

Disfrutando de un día de barco en la costa de Mallorca, uno de mis lugares favoritos de España.

Colaborando con futuros comisarios de Arte y la directora de Art In Embassies en la sala del piano de la residencia de la embajada.

20 de enero de 2017. En plena tormenta a bordo del *Air Force One*, intentando aterrizar, junto con los Obama, en Palm Springs.

Inspeccionando los cuarteles generales de las tropas instaladas en Yibuti.

Visitando la base aérea de Morón.

Diciembre de 2015. Estreno en la embajada de la película *En el corazón del mar* junto a Chris, Elsa y Greco, siempre listo para salir en todas las fotos. © Diego I. Colmenares

#SapereAude. En mi despacho, leyendo sobre Bernardo de Gálvez.

Eva García, tras el obsequio por parte de la asociación The Legacy a la embajada del retrato del político y militar español. © Diego I. Colmenares

Gwyneth Paltrow con el cuerpo de seguridad de marines de la embajada.
© Diego I. Colmenares

Kiev, febrero de 2016. Frente al memorial que rinde homenaje al centenar de caídos en las protestas de la plaza de la Independencia, acompañado de jóvenes estudiantes activistas que participaron en la revolución.

Una de las cosas que más me enorgullecen como embajador es haber organizado el baile de los marines y homenajear a los hombres y mujeres al servicio de nuestro país.
© Diego I. Colmenares

13 de enero de 2014. Bienvenida al presidente Rajoy en su primera visita a la Casa Blanca.

Michael husmeando en la cocina de la embajada, listo para ayudar al equipo del chef Byron a preparar la cena de Acción de Gracias.

Julio de 2016. A punto de embarcar en el *Air Force One*, rumbo a la base naval de Rota, junto con el presidente Obama. © Belén Díaz Alonso

Noviembre de 2015. Con el alcalde de Murcia visitando la catedral de Santa María.

Mayo de 2016. Con Michael en un espectacularmente floreado patio cordobés.

ñol: 1) que agradecíamos la colaboración de su país en nuestras políticas de defensa, y 2) que dábamos la máxima importancia a este aspecto de nuestra relación. El Ministerio tomó nota del mensaje y apreció nuestro interés.

Al ministro del ramo, Pedro Morenés, lo había conocido ya en Washington antes de tomar posesión de mi cargo, durante una reunión con su homólogo estadounidense. En ese primer encuentro, se mostró interesado en que España hiciese oír su voz en asuntos de seguridad global. Pero, a la vez, le preocupaba la crisis económica y demandaba a cambio de cualquier concesión la mayor inversión posible de Estados Unidos, en particular, inversiones que creasen empleo. Durante todo nuestro trabajo posterior, me pareció un perfecto caballero: fuerte, elegante y a la vez empático. La encarnación de lo que debe ser un diplomático. De hecho, al abandonar el cargo, fue nombrado embajador de España en Estados Unidos.

Tuve que trabajar mucho con Morenés. Por las razones arriba explicadas, las bases militares españolas de Rota y Morón habían adquirido gran importancia estratégica. Según un acuerdo bilateral firmado el año anterior a mi llegada, Rota debía recibir cuatro navíos destructores de la clase Arleigh Burke, dotados con el sistema de combate Aegis, y un efectivo de 3.100 miembros. Se trataba de un importante incremento de nuestra presencia en la base, aunque siempre dentro del límite de los 4.750 militares previstos en el convenio. Y a mitad de mi mandato me tocaría negociar un destacamento extra de unos mil marines para Morón, porque las operaciones en la región se estaban volviendo cada vez más complejas.

Mi primer viaje fuera de Madrid fue precisamente a una de las bases, Rota, para el 60.º aniversario de la presencia militar de Estados Unidos. Una visita de tres días que incluía entrevistas con las autoridades estadounidenses y españolas.

Yo no tenía claro qué esperar. Durante el trayecto en tren, leí en el periódico una entrevista conmigo en la que me definían como «el nuevo sheriff del pueblo» y aseguraban que yo cambiaría todo en las relaciones bilaterales. No estaba seguro de querer que los marines comprasen ese periódico.

En la jerarquía militar, el rango de un embajador es equivalente al de un general de cuatro estrellas. Y si el general se encuentra fuera del país, el embajador es su superior. Y como tal, me correspondía ofrecer un discurso. Después de registrarme en el hotel de la sección española de la base, me llevaron al proscenio. Cuando llegué ahí, encontré a cinco mil personas —soldados y civiles, estadounidenses y españoles— haciendo cola para escucharme. A mis espaldas, mientras yo hablaba, presidía la solemne ceremonia uno de nuestros barcos de guerra. Me quedé sin aliento.

La monumental escenografía me hizo entender de manera gráfica la magnitud de mi responsabilidad. Para dejar claro que les ofrecería a esos soldados mi máximo compromiso, no me limité a dar mi discurso y marcharme. Quise ver todo el barco: los cuartos, las duchas, la cocina. Intenté dejar claro que me interesaban las vidas de los que estaban ahí.

Mantuve esa decisión a lo largo de toda mi gestión y me esforcé al máximo por conocer las actividades de las bases. Mi cómplice en todo este esfuerzo fue el capitán Douglas Ten Hoopen, mi eficaz agregado del ramo, que siempre me ayudó a ponerme el uniforme balístico y entender qué veían y qué sentían los militares.

Recibí personalmente a tres de los cuatro destructores que llegaron durante mi gestión. Y ofrecí un discurso cada año en el Baile de la Marina, aparte de otras visitas puntuales. Participé en maniobras militares. Navegué en nuestros destructores. Disparé. Conduje varios tipos de vehículos militares. Subí a bordo del helicóptero V22, que tiene la capacidad de aterrizaje de un avión. Salté de un avión.

Incluso aterricé dos veces sobre portaaviones en el Mediterráneo, llevando conmigo a ciudadanos españoles, como el empresario José María Álvarez-Pallete o el alcalde de Rota, José Javier Ruiz. Así, en carne y hueso, disfruté del privilegio de enseñarles cómo funcionaba nuestro sistema de defensa y, sobre todo, por qué eso les debía importar.

En 2016, tuve la oportunidad de llegar más lejos y conocer el trabajo militar de primera mano. El verano anterior se había registrado una de las situaciones para las que habían sido concebidos los comandos de intervención rápida. Después de un año con un tenso Gobierno de unidad en Sudán del Sur, la guardia personal del vicepresidente disparó contra cinco militares en un puesto de control. En respuesta, el presidente mandó helicópteros a bombardear a su propio vicepresidente, desatando una ola de violencia que se cobró cientos de muertos y miles de desplazados. Para proteger a sus ciudadanos, Estados Unidos ordenó la salida de todo el personal no esencial de nuestra embajada en Juba. Y enviamos a un comando a ayudarlos a la base de Camp Lemonnier, en Yibuti.

Cuando las cosas se calmaron un poco, solicité visitar yo mismo la base para comprobar personalmente las condiciones de vida y de trabajo de nuestros soldados. Si iba a participar en decisiones que ponían en riesgo su vida, quería ponerme en su piel y honrar su valor. Durante tres días sobrevolé la zona en sus aviones de reconocimiento, conocí la base, me ejercité en su gimnasio y dormí, como todos ellos, en un carguero. Camp Lemonnier no era precisamente una residencia de lujo. Incluso en abril, con una temperatura relativamente fresca, el calor y la humedad convertían las maniobras militares en ejercicios difíciles, incluso peligrosos.

Aproveché el viaje para contactar con militares españoles, que en ese momento lideraban la lucha europea contra la piratería en el cuerno de África mediante la Operación Atalanta, y constaté el éxito de su trabajo.

Por supuesto, en el día a día, mi tarea transcurría en un plano más discreto: yo gestionaba las relaciones entre nuestras Fuerzas

Armadas y el reino de España. Sobre todo, recibía a los oficiales que venían de Estados Unidos para inspeccionar las bases y reunirse con el Ministerio aquí.

A los militares de mayor graduación, a veces los invitaba a nuestra casa, aunque ellos no siempre aceptaban. Si traían una agenda muy recargada y una corte entera de funcionarios y oficiales, resultaba más cómodo quedarse en un hotel, cerca de su equipo. Pero en cualquier caso, siempre nos reuníamos.

Durante esos encuentros, los militares me informaban sobre su agenda para el viaje y yo los ponía al día de la situación de España, en especial de la crisis y todos los sacrificios a los que el Estado español se veía obligado. Para esas reuniones, todos los participantes recibíamos información sobre nuestros contertulios, no solo sobre nuestro trabajo, sino también de temas de conversación más ligeros para conocernos y congeniar. Antes de entrar en materia, hablábamos de la belleza de España o de sitios para comer, por ejemplo. Y con frecuencia, la conversación derivaba hacia mi padre.

Cuando vino el comandante en jefe de los marines, no solo mostró interés por su trabajo en Camp David en tiempos de Truman. De regreso en Washington, me envió una carta de agradecimiento y, con ella, una carta a papá para felicitarle por su servicio. Le reenvié la carta a su destinatario. Papá me contestó muy emocionado:

—En más de seis décadas, nadie me había agradecido mi servicio a los marines.

Tan solo por ese momento, mi trabajo ya había merecido la pena.

Durante toda mi gestión, pasé los días literalmente rodeado de gente como mi padre. La embajada de Estados Unidos en la calle Serrano está protegida en el exterior por españoles —policía nacional, guardia civil y seguridad privada—, pero en el interior, al ser territorio estadounidense, la seguridad queda a cargo de nuestros marines: chicos y chicas de dieciocho años muy bien entrenados, cuyo espíritu de sacrificio los había llevado lejos de su país para servirlo mejor.

Esos chicos siempre estaban invitados a nuestras fiestas en casa. Tengo fotos de algunos de ellos bailando con Alaska.

Pero, sobre todo, ellos siempre me hicieron descubrir con orgullo lo que mi padre había sido sesenta años antes.

Qué hacemos exactamente

Quisiera detenerme en este capítulo en la dimensión militar de la relación entre Estados Unidos y España, cuya gestión siempre constituyó para mí un gran honor como estadounidense.

En el plano diplomático, la sección de defensa de la embajada era la más exigente, porque los planes militares van fluctuando. Los altos mandos reevalúan constantemente sus posiciones y cambian sus estrategias según lo que ocurra en el terreno. Además, las poblaciones de las bases van y vienen.

Las tropas estacionadas en Rota y Morón no son fuerzas de ataque, sino de respuesta. Constantemente, sus marines son transferidos para afrontar nuevas amenazas en la región. De todos esos movimientos, la embajada debe informar al Ministerio de Defensa español, que tiene el derecho y la obligación de estar al corriente de ellos para evitar tensiones en su propia agenda internacional.

Después de mi salida de la embajada, por ejemplo, se registró un incidente incómodo. Los destructores *USS Ross* y *USS Porter*, con base en Rota, lanzaron misiles Tomahawk sobre la base siria de Shayrat. España tuvo la cortesía de no quejarse por escrito. Sin embargo, la ministra Cospedal transmitió a la Administración Trump su malestar por no haber sido informada al respecto. Fue un desaire innecesario y un ejemplo de lo poco que nuestro actual Gobierno de Estados Unidos valora a los demás países, incluso a sus aliados.

Hay que aclarar que los soldados no se encuentran en España solo para proteger a Estados Unidos, sino para proteger a todos nuestros aliados, entre ellos, España. Ocurre que eso forma parte de los intereses estadounidenses: tenemos una larga lista de empresas y ciudadanos residiendo aquí y nuestra presencia envía al mundo el mensaje de que ellos nos importan. Además, a través de la OTAN, España y Estados Unidos comparten las preocupaciones de seguridad de las democracias desarrolladas y, por lo tanto, nuestros militares realizan maniobras conjuntas y aprenden unos de otros. La fuerza de reacción de las bases se desplaza también para defender de agresiones, por ejemplo, a barcos españoles víctimas de la piratería en aguas somalíes. Nuestras democracias tienen enemigos comunes a los que nos debemos enfrentar en equipo.

En contra de lo que mucha gente ha dicho a lo largo de medio siglo, Estados Unidos no es dueño de las bases españolas. En otros lugares del mundo, como Alemania o Japón, tenemos cuarteles que sí operan como enclaves estadounidenses, donde controlamos el acceso. Aquí solo somos invitados en una parte del recinto. Más allá de algunas ocasiones especiales, ni siquiera estamos autorizados a izar la bandera de Estados Unidos en las instalaciones que usamos, ya que la soberanía sobre ellas sigue siendo plenamente española.

Las embarcaciones y aeroplanos que estacionamos en esas bases tampoco pueden hacer lo que quieran. Como ya expliqué, cualquier operación bélica a la que se incorporen debe comunicarse previamente a España. Además, si alguna nave planea dirigirse al peñón de Gibraltar, que se encuentra al lado, tiene prohibido acudir de forma directa. Debe viajar a un tercer país y, solo desde ahí, desplazarse a Gibraltar.

(Por cierto, también rigen algunas limitaciones más peculiares. A manera de ejemplo, el personal de la base tiene prohibido correr los toros en los sanfermines.)

A cambio de esa invitación a territorio español, Estados Unidos se compromete a mejorar las instalaciones portuarias y, sobre todo, la vida de la gente que habita cerca de las bases. Por supuesto, eso implica invertir en las infraestructuras, pero también ofrecer servicios sociales a la comunidad, como pintar hospitales o construir un colegio. Nuestra presencia se refleja en los detalles más cotidianos. La base de Rota, por ejemplo, ofrece a la población el servicio de bomberos cuando lo necesita. Y en un plano más ligero, allí se abrió el primer autocine de Europa, que hoy sigue funcionando.

La sola presencia de más de cuatro mil familias consumidoras estadounidenses —alquilando viviendas, comprando electrodomésticos, comida, ropa...— representa un importante aporte a la economía de Cádiz, la zona con el mayor desempleo del país. Para estimular el mercado de productos españoles, el centro comercial de la base impone severas restricciones a la compra y los soldados destacados tienen prohibido llevar más de un coche americano.

Sin embargo, nadie parece saber todo eso.

Desde 1953, cuando comenzamos a colaborar en Morón, la presencia militar estadounidense en España siempre ha estado muy mal explicada a la sociedad. Para evitar polémicas, diplomáticos estadounidenses y políticos españoles han preferido mantener nuestras actividades militares conjuntas en el perfil más bajo. No se han mantenido las cosas en secreto, pero tampoco se les ha dado publicidad. Mi posición siempre fue —en esto también— radicalmente diferente.

Yo mencionaba las bases en casi todas mis intervenciones públicas y di uno de mis primeros discursos importantes en Rota. Cada vez que podía, regresaba a visitar a los soldados. Y nunca perdía la oportunidad de hacerles ver su importancia a mis amigos españoles:

—Acabo de volver de Rota —solía comentarles—. Deberías estar orgulloso.

—¿Orgulloso? ¿Por qué?

—Por el aporte de España a la seguridad global. Tu país presta un gran servicio al mundo en esas bases.

La gente solía responder:

—No tenía ni idea.

Quienes sí tenían claro cuánto importaba eran los habitantes cercanos a las bases, las autoridades locales y el Ministerio de Defensa. En algún momento, después de pedir permiso a España para aumentar la tropa de Morón hasta los mil seiscientos miembros, resultó que la estrategia de nuestros generales cambió, y al final no trasladaron a tantos. En ese momento, recibí una gran presión de los funcionarios españoles para mantener las inversiones de infraestructuras previstas. Tuve que contactar con el Pentágono y buscar una solución. Durante unas semanas, parecía más el embajador español en Washington que lo contrario.

Para los funcionarios del Pentágono, la inversión en las bases era una cuestión de cifras. Para mí, que vivía aquí, esas cifras tenían los rostros de familias que necesitaban trabajo. Traté de hacerlo lo mejor posible pensando en esas familias. A veces, lo logré. A veces, no. En todo caso, la experiencia me enseñó hasta qué punto nuestra presencia no era solo beneficiosa para los grandes países, sino también para las personas de a pie.

Alrededor de la cooperación militar también gira uno de los grandes retos bilaterales para nuestros países: el presupuesto de la OTAN. La organización exige que cada país miembro aporte un 2 por ciento de su presupuesto. Los Estados Unidos han presionado durante mucho tiempo para que los demás miembros alcancen ese porcentaje. Tal demanda ya se había formulado durante mi audiencia de confirmación ante el Senado. Y en el Gobierno de Donald Trump, es el principal *leitmotiv* de la política estadounidense hacia los países aliados.

El problema, durante mi gestión, era que España vivía una crisis muy grave. El Estado recortaba costes en temas tan básicos como la sanidad y la educación. Poner cara de perro y exigir un aumento del presupuesto militar solo iba a conducirnos a un enfrentamiento estéril.

Yo intenté algo diferente: poner en valor las otras contribuciones de España a nuestra estrategia de defensa. Quizá España no llegaba a la cifra del presupuesto exigida, pero contribuía de muchas otras maneras con la seguridad de los aliados: mediante pertrechos y efectivos militares, apoyo en Afganistán, colaboración en el cuerno de África para proteger a nuestros barcos de la piratería... Todas esas acciones daban fe del compromiso español con nuestros objetivos. Basándome en ese compromiso, negocié con España que sus contribuciones a la OTAN aumentasen de manera proporcional a su crecimiento económico. Y España cumplió.

Lamentablemente, la relación militar bilateral también alberga una de mis mayores frustraciones como embajador: el acuerdo para la limpieza de Palomares.

El 17 de enero de 1966, dos aeronaves estadounidenses chocaron en el espacio aéreo de esa pedanía almeriense. Una de ellas llevaba bombas termonucleares. Las bombas, por suerte, no estallaron, pero dos de ellas se rompieron y contaminaron la zona con polonio. En su momento, se rastrilló y se creyó rehabilitada el área. Pero conforme la tecnología fue avanzando, un nuevo mapa radiológico en 3D descubrió la necesidad de volver a limpiar y llevarse los residuos tóxicos.

Durante mi gestión, la embajada hizo todas las gestiones para rehabilitar definitivamente Palomares, lo que implicaba un trabajo titánico: tuvimos que negociar con el Congreso de Estados Unidos, decidir a dónde llevaríamos los desechos exactamente, repartir los costes de la operación, etcétera. Como ya comenté, el secretario de Estado John Kerry llegó a firmar un protocolo de intenciones con el ministro Margallo en su visita a Madrid en octubre de 2015.

Pero los detalles cruciales quedaron pendientes de un acuerdo definitivo. La falta de pacto para formar Gobierno en España durante 2016 paralizó las negociaciones. Y la llegada de Donald

Trump al poder las dejó en coma. Lamentablemente, es poco probable que Trump quiera firmar nada pactado por Obama o que muestre el menor interés sincero por otros países.

En suma, aunque sea manteniéndose en un perfil bajo, la dimensión militar constituye un componente esencial de la relación entre Estados Unidos y España. Sin duda, el componente que más orgullo patriótico me producía.

Como una familia

Nunca tuve una mascota. Era un niño alérgico a casi todo lo que pueda imaginarse que, a la menor provocación, caía en cama con neumonía. Los médicos me hacían pruebas con una aguja para ver contra qué reaccionaba exactamente. Yo daba positivo en todo.

En mi barrio de la infancia vivía un perro, Poncho, mascota de mis vecinos, al que sus dueños tenían medio abandonado y yo adoraba. Me encantaba guarecerlo cuando llovía, por ejemplo. Pero cada vez que traía a Poncho conmigo, yo terminaba en el hospital.

Muchos años después, al mudarme a Los Ángeles, Michael descubrió un albergue para animales abandonados y me trajo de ahí a mi primera perra: Sport. Sport, un cruce muy particular de labrador y caniche, era hipoalergénica. Pero ya no hacía falta, por suerte.

A partir de entonces, comencé a ponerme al día de toda una vida sin animales. Adoptamos a un macho de la misma especie, al que llamamos como la tienda de interiorismo de Michael: Jasper. Y a una bedlington terrier, Lily, la única que vive hasta hoy.

El drama de los animales abandonados me llevó a conocer Farm Sanctuary, una organización que da cobijo a especies de granja sin hogar, como caballos u ovejas, a los que usa para educarnos a las personas por lo inteligentes, incluso cariñosos, que ellos son. Impresionado por ese hermoso trabajo, organicé algunas recaudaciones de fondos para Farm Sanctuary. Fue por esa época, alrededor de 2006, cuando dejé de comer carne. Y en 2011 entré en la plantilla de Humane Society of the United States, una asociación que promueve políticas y leyes para fomentar la compasión por los animales en todo el mundo

Cuando me nombraron embajador, la ley me obligaba a abandonar la plantilla de toda empresa o asociación de la que formarse parte. Eso incluía asociaciones animalistas. Pensé que al menos me quedaban mis perros. Planeaba llevarlos conmigo, pero Michael se negó en redondo. Él iba a seguir viviendo en Los Ángeles a tiempo parcial. ¿Por qué no dejarlos allí? Tuve que ceder.

A mi llegada a Madrid, los periodistas ya conocían mi compromiso con el tema, y apuntaron sus balas directas al punto sensible:

—¿Qué opina el embajador de Estados Unidos de las corridas de toros?

Yo tenía mi respuesta perfectamente preparada:

—Las corridas forman parte de la cultura española. Soy vegetariano y no asistiré a ninguna, igual que no participaré en partidas de caza, pero no me corresponde expresar una opinión pública sobre las tradiciones del país que me recibe.

A lo largo de mi gestión, tuve relaciones personales con algunos toreros, como Cayetano Rivera o Miguel Báez, «El Litri». Y esto siempre sería un tema delicado entre nosotros. Ellos me daban su punto de vista, claro, y me exponían el valor cultural de la fiesta taurina. Sin embargo, nunca lograron convencerme. Esa no era mi cultura. De hecho, muchos huéspedes estadounidenses de la residencia iban a las corridas de toros atraídos por el glamour y las novelas de Hemingway, pero terminaban abandonando los ruedos, horrorizados por la crueldad del espectáculo.

El azar me daría oportunidad de expresar mis convicciones en España sin romper la prudencia diplomática de rigor. Resulta que Jasper fue diagnosticado de cáncer y comenzó un año de quimioterapia que le produjo terribles hemorragias internas. Precisamente, mientras yo estaba en una conferencia en Washington, me llamaron de casa para decirme que el perro había sufrido una crisis. Ya no había nada que hacer. Al menos, no me encontraba tan lejos. Volví a casa justo a tiempo para autorizar su sacrificio.

De regreso en Madrid, me encontraba tan triste que mi amiga Alicia Koplowitz Alcocer me recomendó acudir a su asociación de ayuda a los animales: ANAA. Yo no tenía tiempo de andar buscando mascotas. Pero Alicia se ofreció a buscarme una personalmente. Cuando la encontró, yo tampoco tenía tiempo de ir a verla. Así que Alicia me la mandó a la residencia.

Cuando el perro llegó, yo me encontraba en una reunión. Pero él entró corriendo, directamente hacia mí, y saltó a saludarme. A partir de ese día, saludó a todas las personas que llegaban a la residencia, incluido el presidente Obama, con un cariño y una amabilidad que ningún ser humano tenía.

Se conmemoraba el cuarto centenario de la muerte de El Greco. Y así lo llamamos.

Le dimos publicidad a la llegada de Greco a través de una entrevista, y así tuve excusa para hablar públicamente sobre el compromiso por los animales y la necesidad de adoptar mascotas abandonadas. De hecho, más adelante adopté otra más (o, más bien, mi colaborador Zach Portilla adoptó una y me chantajeó emocionalmente hasta que me quedé con su hermana). La llamamos Whistler, como el pintor de Lowell.

Como embajador, solía participar en carreras para apoyar causas solidarias. Mis nuevos compañeros me dieron la oportunidad de convocar un «perratón», en el que todos corríamos con nuestras mascotas en apoyo de los animales abandonados. Y otro evento que llamamos Yappy Hour, donde pudimos invitar a españoles con sus perros al jardín de la embajada para que se relacionaran con estadounidenses y sus perros; lo que nosotros llamamos «diplomacia canina». Entre una cosa y otra, Greco y Whistler terminaron volviéndose dos perros muy populares. Incluso mediáticos.

El señor Smith

Vi a Michael por primera vez en un avión la víspera del San Valentín de 1998. Michael tenía un asiento tres filas delante de mí. Nada más verlo abordar, pensé: «Ese chico será mi novio».

Por entonces, yo todavía trabajaba en Tod's y estaba abriendo una gran tienda en Rodeo Drive, la mejor calle comercial de Beverly Hills. En ese vuelo, yo volvía a Nueva York, a mi apartamento del Soho. Él —lo supe después— tenía una cita de día de los Enamorados con otro chico en la ciudad.

Tras el despegue, recurrí a todo tipo de trucos para entablar conversación. Cuando se apagó la señal de abrocharse los cinturones, me levanté a pedirle una bebida a la azafata y me quedé dándole conversación frente a él. Nada. En un momento dado, Michael se levantó para ir al baño; pero pasó junto a mí sin mirarme. Yo concebí una nueva encerrona: seguí conversando con la azafata y apoyé la espalda en la puerta del baño. Al salir, él chocaría conmigo y se vería obligado a decir algo.

Funcionó. Así que nuestras primeras palabras fueron:

—Perdón.

—Lo siento.

Lo que me dio esperanza fueron las siguientes palabras por su parte. Yo llevaba encima un *discman* Sony, que era lo que se llevaba antes de que toda la música se bajase de una nube. Y Michael preguntó:

—¿Qué estás escuchando?

—Al Green.

—Al Green está muerto, ¿verdad?

—¡No! Está vivo.

No teníamos nada más que decirnos. La situación se volvió incómoda. Volvimos a nuestros asientos. En un esfuerzo desesperado, yo le ofrecí mi *discman* con el CD de Al Green. Él no lo quiso. Y ya está. Me di por rechazado durante el resto del vuelo.

Para mi sorpresa, al llegar al aeropuerto, Michael se colocó a mi lado a esperar sus maletas y ofrecerme una conversación insustancial. Al despedirnos, intercambiamos nuestros números de teléfono.

Unos meses después, volví a Los Ángeles para la apertura de la tienda y llamé al despacho de Michael. Él estaba fuera, en un almuerzo, pero me puse muy pesado y su secretaria redirigió mi llamada a su móvil. Resultó que el almuerzo era con Cindy Crawford. Michael estaba decorando su casa.

—Oh, no —dijo Michael cuando lo llamaron del despacho—. Es un tío raro que conocí en un avión hace meses. Al parecer, insiste en hablar conmigo.

Por suerte, Cindy respondió:

—Mejor contesta. Quizá es importante.

Gracias, Cindy.

Quedamos para tomar una copa la noche siguiente. Él vino a buscarme al Four Seasons, donde me alojaba. Tenía un aspecto totalmente californiano, con vaqueros blancos, sandalias y una camiseta. Yo me veía neoyorquino. Fumaba, algo que nadie hacía en Los Ángeles. Pero a él le gustaba verme fumar. Decía que exhalaba el humo como James Bond.

Tuvimos algunas citas más y volvimos a Nueva York en el mismo avión. Él se alojó en el hotel Carlyle. Esa misma noche, como de costumbre, yo tenía que trabajar hasta tarde con mi equipo y no podíamos vernos. Michael me dio una sorpresa. Mandó al servicio de habitaciones del hotel que trajera comida para todos.

De repente, un camarero uniformado con un carrito se paseaba por los pasillos repartiendo la cena del Carlyle mientras yo explicaba a mi gente:

—Oh, lo manda un tío que conocí en el avión.

Hemos estado juntos desde entonces. Al principio, «juntos» era una manera de hablar. Los dos viajábamos tanto que apenas nos veíamos. Tokio. Londres. Chicago. Nos las arreglábamos para encontrarnos en los huecos de nuestras agendas y cada vez nos preguntábamos si todo seguiría bien entre nosotros. Todo reencuentro comenzaba con un *jet lag* afectivo: el cambio de hora y de sueño después de la separación.

Cada vez que viajábamos, hablábamos por teléfono casi todos los días, cada uno en un huso horario diferente. Nuestras primeras palabras siempre eran:

—Hola. ¿Dónde estás?

Michael me regaló la foto de un coche cubierto de polvo donde alguien había escritor con el dedo «Hola. ¿Dónde estás?». Durante años, tuve esa foto colgada en mi despacho.

Cuando salí de Hermès y de Nueva York, Michael fue crucial para reconducir mi carrera. Pasé un año desempleado en Los Ángeles y él siempre estuvo conmigo, acompañándome durante mi ansiedad y frustración. Me juré a mí mismo que cuando consiguiese mi primer trabajo en Los Ángeles, dejaría de fumar. Apagar mi último cigarrillo fue el símbolo de una vida antigua que se aplastaba contra el cenicero.

Si nos conoces en la intimidad, puede parecerte que no nos llevamos bien. Sus amigos comentan que, al conocerme, nunca creyeron que él y yo duraríamos dieciocho años. Ni siquiera dieciocho minutos. Los dos somos competitivos e irónicos, y estamos constantemente peleando:

—Obama dice...

—No es «Obama». Llámalo «presidente Obama».

—Perdona. ¿Estoy hablando contigo?

—No creo, porque yo no hablo con gente como tú...

A veces, incluso podemos parecer hirientes. Cuando el Tribunal Supremo de Estados Unidos aprobó el matrimonio homosexual en 2015, Michael se encontraba en Madrid. En cuanto llegaron las noticias a mi despacho, yo pensé que había llegado el momento que llevábamos décadas esperando. Podíamos honrar ese avance en nuestros derechos y jurarnos amor eterno en el mismo acto.

Pregunté dónde estaba Michael. Me informaron de que no había salido de la residencia. Corrí a buscarlo. Lo encontré en la puerta, rodeado del personal de servicio. Ahí mismo, enfrente de todo el mundo, me arrodillé ante él y le pregunté:

—Michael, ¿te quieres casar conmigo? Es el momento de hacerlo. Y quiero que lo sepa todo el mundo. Emitiremos un comunicado oficial.

Él frunció el ceño y respondió:

—¡Oh, por favor! ¡No vas a usarme para tu operación de marketing diplomático!

—¿Por qué no?

—No estoy listo para casarme.

—¡Bueno, vale!

No sé qué pensarían los testigos de la escena. En todo caso, cuando nos veas discutir, no te asustes. Siempre nos estamos retando. El día que no lo hagamos será porque ya no nos importa lo que el otro hace o dice. Y eso sería el final.

Pero ese final está muy lejos, si algún día llega. Nunca, ni siquiera durante la peor de nuestras peleas, he dejado de saber que Michael es la persona de mi vida: interesante, talentoso, cariñoso y también competitivo y retador. Puede hacerse amar y odiar a la vez. Lo único que no puede es aburrirme.

Le debo a Michael, y a la vida que él me dio, haber conocido al presidente. Y por lo tanto, le debo mi inesperado destino como embajador.

En Madrid, nuestra condición de pareja homosexual planteaba un reto de protocolo. Las invitaciones a los diplomáticos siempre llevaban el mismo destinatario: «Embajador X y señora». Pero ¿cómo invitarnos a nosotros? «Embajador Costos y señor» sonaba un poco extraño, como si yo no fuese un señor. Además, no estábamos casados, ni él tenía ningún título. Tras sesudas deliberaciones por parte de funcionarios de todo el mundo, empezamos a recibir las invitaciones con el título de «embajador Costos y Sr. Smith». Y debo decir que todos hicieron un gran esfuerzo por acogernos. Michael siempre se sentó en el sitio que correspondía a mi pareja según el protocolo y nunca tuvo que quejarse de un desplante.

Es que él no actuaba como un consorte lejano, sino como un activo esencial de la embajada. Desde el principio, se esmeró todo lo que pudo para decorar la residencia y, en parte, los despachos, que en pocas semanas ya resultaban mucho más cálidos y agradables.

Consiguió para nuestros salones la impresionante colección de arte de la que hablé antes, incluyendo a Walton Ford, Javier Romero, Esteban Vicente, Julian Schnabel, Philip Taaffe, Andy Warhol, Willem de Kooning y una fuente de Cristina Iglesias para el jardín. Además, en la escalera colocó cinco óleos en tonos amarillos y naranjas de Josef Albers. Y en el comedor, obras de artistas contemporáneos que exploran el tema de la diferencia tanto sexual como racial: Theaster Gates y Glenn Ligon. Unas ochenta obras provenían del programa Arte en Embajadas del Departamento de Estado y de galerías y artistas que conocíamos personalmente y que se mostraron encantados de apoyarnos. Además, Michael diseñó unas velas con una fragancia especial que colocábamos en vasos con el logo de la embajada y ofrecíamos como regalo institucional.

Su concepto era darle a la planta baja de la residencia, la más pública, la atmósfera de un apartamento de Nueva York, lleno de arte contemporáneo. En cambio, al segundo piso de la residencia, donde se quedaban nuestros invitados estadounidenses, le dio un aire europeo, con muebles Luis XVI y candelabros franceses. (Aunque debo decir que ahí también subían muchos españoles a comer. Así, yo podía evitar el exceso de alcohol y las largas sobremesas habituales en los restaurantes, que me dejaban inhabilitado para trabajar durante toda la tarde.)

Como resultado, todo el mundo quería venir a nuestra casa: algunos CEO, famosos, líderes políticos... Nadie se negaba a formar parte de nuestra red social.

Desde antes de llegar, yo tenía claro que él sería genial para todo eso. Pero al principio me preocupaba que Michael se sintiese cómodo en nuestro nuevo «barrio». Como ya he dicho, somos competitivos por naturaleza y Michael siempre había sido el extrovertido de los dos, el que más se movía entre famosos. En cambio, en Madrid, los papeles se invirtieron: yo tenía una escolta y todos los focos sobre mí. Él salía a la calle solo y anónimo, sin protección ni atención de ningún tipo.

Por suerte, Michael no necesitaba tutores para disfrutar de España. A él le encanta caminar y todos los días se iba a pasear de la embajada a Malasaña y de ahí a Conde Duque, o adonde fuera, disfrutando de la arquitectura y de la calidez de la ciudad. Con su penetrante curiosidad, a cada paso hallaba un tesoro: viejos castillos o casas antiguas. Y conocía artesanos brillantes: los tapiceros del rey, los cristaleros de La Granja y de Gordiola, en Mallorca, los alfareros de Toledo... Contrató a muchos de estos artistas para sus clientes en Estados Unidos y para sus propias líneas internacionales de telas y muebles. Creció creativamente gracias a toda la belleza que encontró.

Tampoco necesitaba ayuda para hacer amigos. De hecho, en eso tenía más talento que yo. Al fin y al cabo, yo era un introvertido en un puesto para extrovertidos.

En cuestión de semanas, el diario *El Mundo* empezó a llamar a Michael «el invitado más deseado de España». Todo el mundo lo quería en sus recepciones. Y nuestra propia actividad social se disparaba cuando venía a Madrid. Para su primer cumpleaños, el 24 de mayo de 2014, organizamos una fiesta para noventa invitados y los Obama enviaron un vídeo de felicitación.

Valiéndose de su gracia personal, Michael incluso cumplió alguna disparatada misión diplomática. Cuando acabábamos de llegar, la hermana del rey Juan Carlos, doña Pilar de Borbón, nos invitó a una recepción, pero, por alguna razón que nunca sabremos, la invitación se traspapeló. Nunca la recibimos. Ni, por supuesto, respondimos. Ella se ofendió. Más adelante, Michael se enteró de que una furiosa doña Pilar nos había vetado en cualquier ocasión de su familia y había prohibido que cualquier Borbón asistiese a una de nuestras fiestas. Michael, que tiene mucho morro, consiguió presentarse en una fiesta a la que iba a asistir doña Pilar, se arrodilló junto a ella y literalmente le suplicó disculpas. Ella intentó mantenerse firme, pero la situación le dio tanta risa que nos tuvo que perdonar.

Un embajador —o yo mismo, sin ser embajador— jamás habría hecho eso. Pero Michael no solo lo hacía. Se divertía haciéndolo.

Lamentablemente, Michael no podía estar conmigo todo el tiempo. Tenía que seguir trabajando, en la Casa Blanca y con muchos otros clientes estadounidenses, de modo que iría y vendría a Madrid según sus posibilidades.

La mayoría de la gente cree que un decorador prepara tu casa para tu llegada y luego se marcha para no volver. Michael no trabaja así. Con él, nunca hay momentos de parálisis. Él mantiene la casa, la cambia, le compra nuevas obras de arte, la prepara para temporadas especiales, como la Navidad y el Cuatro de Julio, o la adapta a la evolución de sus ocupantes. Para Michael, una casa es un ser vivo, como una persona, que crece y evoluciona.

En la segunda mitad del primer mandato de Obama, conforme el país salía de la crisis, Michael había comenzado a trabajar discretamente en la Oficina Oval. Primero, colocó jarrones con manzanas, que resultaban muy americanas y a la vez más modernas que las tradicionales flores. A continuación, colgó unas elegantes cortinas rojo oscuro (que Trump cambió por unas horterísimas doradas). Y con el tiempo, lograría poner, por primera vez en la historia de la Casa Blanca, papel mural. Con un diseño muy suave, de franjas beis y blancas. Nadie lo había hecho hasta entonces.

Cuando Michael viajaba a Estados Unidos, dejaba una huella en los bellísimos espacios de nuestra residencia madrileña. Pero ese rastro suyo solo servía para hacerme sentir más su ausencia y mi soledad. En un entorno que no siempre era amable, yo echaba mucho de menos su compañía. Habíamos vuelto al principio de nuestra relación. A vivir a diez mil kilómetros y nueve husos horarios de distancia. A llamarnos —él recién levantado, yo a punto de acostarme— y preguntarnos:

—Hola. ¿Dónde estás?

La distancia sería una constante fuente de conflictos entre nosotros. En octubre de 2013, al poco de llegar, hice un breve viaje a Los Ángeles para la gala de apertura del Centro de Artes Escénicas Wallis Annenberg. Wallis es una gran amiga, una filántropa que proviene de una familia de diplomáticos, y he aprendido mucho de ella en cuanto al servicio público. Michael empezó a exigirme más viajes a casa; por ejemplo, para el día de Acción de Gracias y para Navidad. Yo insistí en que no podía ausentarme de Madrid cada cinco minutos. Ahora nuestra casa estaba en otro país. La discusión se puso tan violenta que rompí una tabla de picar de la cocina.

Ese día me excedí. Asusté hasta a los perros. Me asusté incluso a mí mismo.

No sería nuestra última pelea. Muchas veces, en la embajada, teníamos a quinientos invitados en el jardín, el personal me esperaba para dar el discurso de recepción y Michael y yo estábamos en mi cuarto, gritándonos como si fuéramos a matarnos ahí mismo.

216

No obstante, al final de la noche, nos sentíamos muy contentos por la gente que habíamos conocido, el éxito del evento, la magia que habíamos ayudado a crear. Y siempre terminábamos por reconciliarnos. Aún lo hacemos. Supongo que siempre lo haremos. Aquel día en el vuelo Los Ángeles-Nueva York me dije, antes de oírle hablar siquiera, que ese chico sería mío. Y pienso quedarme con él.

Maidán

En 2014, la céntrica plaza de la Independencia de Kiev se convirtió en el escenario de una batalla campal entre los partidarios de la integración de Ucrania en la Unión Europea y el Gobierno del presidente Víctor Yanukóvich, que prefería mantener a su país en la órbita de Rusia. Las manifestaciones, que pasarían a la historia con el nombre ucraniano de «plaza», *maidán*, habían sido pacíficas todo el invierno. Pero el 18 de febrero, entre toneladas de llantas quemadas y cañones de agua antidisturbios, veintiséis muertos y cientos de heridos inauguraron una verdadera guerra, que terminaría con la anexión rusa de la península de Crimea.

Estados Unidos, no podía ser de otro modo, se posicionó firmemente del lado de las libertades. Los embajadores en Europa recibimos instrucciones de pedir en nuestros países de destino apoyo para imponer a Rusia sanciones en la Organización de Naciones Unidas, lo que a la larga conseguimos.

Con el fin de conocer la realidad ucraniana de primera mano y explicarla en España, recibí autorización del Departamento de Estado para viajar a Kiev. Ucrania queda lejos de las preocupaciones de la opinión pública española. Sin embargo, es el verdadero muro de contención entre Rusia y Europa. El vuelo a la capital no es más largo que a algunas ciudades de la Unión Europea. Defender la democracia ahí ayuda a defenderlas en todo Occidente.

Cuando llegué, aún había flores en el Maidán para recordar a los caídos. Me reuní con muchos estudiantes. La revolución había sido liderada por jóvenes, porque eran ellos quienes más interés tenían en disfrutar de un régimen de libertades individuales, como los europeos. El deseo de expresarse y opinar sin tener que enfrentarse a la represión inspira sobre todo a la gente que aún no ha perdido la fe en un mundo mejor, y esos son más numerosos en la juventud.

También en los Estados Unidos de hoy son los jóvenes quienes marcan la pauta de los cambios. Después del tiroteo de Parkland, donde fueron asesinados diecisiete jóvenes en una escuela, sus compañeros se manifestaron para exigir a los políticos más control de las armas. En las próximas elecciones, esa generación será decisiva para producir un cambio positivo en nuestra sociedad.

En Ucrania conversé también con miembros de la comunidad LGBTQ. Rusia nunca ha mostrado aprecio por las minorías sexuales. Al contrario. Quienes querían amar en libertad no tenían dudas de que sus aliados estaban en Europa, y participaron con gran valor en las manifestaciones contra Yanukóvich.

Los periodistas habían levantado su propia trinchera. Conocí, por ejemplo, a los organizadores de una plataforma llamada Basta de Noticias Falsas. Habían creado esa asociación para alertar de la cantidad de información falaz que los medios prorrusos difundían, información que se multiplicaba después en redes sociales. A la luz de lo ocurrido después en la campaña electoral de Donald Trump y en procesos políticos desestabilizadores para Europa, como el *brexit* o el *procés* catalán, la Ucrania del Maidán funcionó como campo de pruebas para las técnicas rusas de desinformación y propaganda.

En ese momento, los enfrentamientos continuaban en Donéts y Crimea. También tuve la oportunidad de hablar con gente que venía de la primera línea de combate. Ellos me advertían, en sintonía con muchos embajadores de repúblicas exsoviéticas, de que el telón de acero que había retrocedido al final de la Guerra Fría estaba desplazándose hacia Occidente.

No siempre somos conscientes en Estados Unidos y Europa de lo que la democracia nos da. Lo damos por sentado. Y desconocemos a quienes viven de otro modo. Pero ahí fuera hay gente que lucha por lo que nosotros tenemos: la capacidad de hablar, amar y vivir en paz. Ayudar a esos luchadores es una obligación moral, y también protegernos a nosotros mismos. Porque si ellos caen, nosotros seremos los siguientes en la lista de los enemigos de la libertad.

El malentendido

Uno no puede llevarse bien con todo el mundo. La vida, también la política y diplomática, quizá especialmente la política y diplomática, está llena de divergencias, malentendidos o simple falta de química. Durante mi gestión, hice grandes esfuerzos por conectar a las personas y desplegar energía positiva. Pero sí hubo diferencias con otras personas. La más dolorosa de ellas fue la más delicada, porque se trató de un choque con el mismísimo ministro de Asuntos Exteriores.

Como he dicho ya, la relación con José Manuel García-Margallo no fue mala al principio. De hecho, él, que nunca había asistido a la embajada antes, trajo a su esposa para una cena privada conmigo y con Michael una noche. Se mostraba amigable y nos llevábamos bien. Al menos, después de la crisis de la NSA.

El 1 de julio de 2014, asistí al hotel Ritz para dar un discurso en Nueva Economía Fórum. Cuarenta minutos hablando. Seguramente, el discurso más largo de mi gestión. Llevaba casi un año en el cargo y desarrollé todo tipo de temas sobre la relación bilateral. La recepción general fue bastante buena. Pero, en ese momento, para la prensa española, solo existía una cuestión importante en el mundo: Cataluña, y el pulso del Gobierno autonómico por la independencia de España.

Corrían tiempos inciertos. El rey Juan Carlos acababa de abdicar en favor de su hijo. El Partido Socialista preparaba el relevo de su último líder de la vieja guardia, Alfredo Pérez Rubalcaba, y Europa tampoco se encontraba especialmente estable: faltaban un par de meses para el referéndum escocés por su independencia del Reino Unido y ya se olía que vendría otro de este sobre su independencia de la Unión Europea.

En este baile de liderazgos y territorios, el nacionalismo catalán había convocado su propio referéndum de independencia unilateral —es decir, ilegal— para ese noviembre. Conforme se acercaba la fecha, los soberanistas luchaban por defender la viabilidad de su país fuera de España. Y en esa lucha, su principal objetivo era sostener que ni las empresas ni la comunidad internacional abandonarían a una Cataluña independiente, que sería un país perfectamente integrado en las finanzas y la diplomacia. De hecho, el mismo día de mi discurso en Nueva Economía, un grupo de nacionalistas presentaba el presupuesto y el diseño para la creación de un ejército propio.

El tiempo demostraría que esas pretensiones eran bastante irreales. Pero un diplomático extranjero no puede pronunciarse con esa contundencia. Yo ya le había advertido a mi equipo: «Cuando negocien entrevistas, déjenlo claro: lo único que diré sobre este asunto es que se trata de un tema interno de España. No importa cuántas veces lo pregunten; están perdiendo el tiempo. No diré nada más. ¡Porque no puedo! Esa es la posición del Departamento de Estado».

Aun así, durante la ronda de preguntas de Nueva Economía, los periodistas se obsesionaron por la posición de Estados Unidos al respecto. Ese mismo mes, durante una conferencia de prensa junto al primer ministro británico David Cameron, Obama se había posicionado claramente en contra de la independencia de Escocia:

—Nosotros tenemos un profundo interés en garantizar que uno de los aliados más cercanos que jamás tendremos siga siendo un socio fuerte, unido y eficaz.

Muchos reporteros españoles encontraron en esas declaraciones una oportunidad. Esperaban un manifiesto por mi parte sobre el desafío catalán. Después de mi discurso en el Ritz, preguntaron una vez, y yo repetí mi respuesta de siempre. Volvieron a hacerlo, y yo me ceñí al guion. Nunca me aparté un milímetro de mi papel.

Sin embargo, los periodistas buscan siempre la manera de meter en la agenda pública cada palabra, cada gesto y cada evento. De modo que, tras muchas variaciones en torno al tema, uno de ellos dio con una pregunta que abría nuevas posibilidades:

—¿Qué harían las empresas de Estados Unidos radicadas en Cataluña en caso de una hipotética independencia? ¿Se marcharían? ¿O podrían apoyar al soberanismo quedándose?

Yo solo respondí lo de siempre, sumado a lo obvio:

—Cataluña es una cuestión interna de España. Y las empresas tendrán que adaptarse. Las cosas cambian, los entornos cambian, y cualquier líder empresarial tiene que pensar en el futuro.

Resulta que, en política, no hay nada obvio. Yo pretendía advertir de que las empresas se marcharían de Cataluña ante un escenario de incertidumbre. Sin embargo, de inmediato, altos cargos catalanes analizaron esa declaración como un respaldo a su proyecto. La prensa nacionalista interpretó mis palabras como una puerta abierta a la independencia. Como si yo dijese que todo iba a cambiar y los intereses de mi país ya estaban considerando el nuevo escenario.

La reacción del otro extremo político no tardó en llegar. Un candidato españolista a la alcaldía de Barcelona —pequeño, casi irrelevante, pero candidato al fin— declaró no solo que yo defendía la independencia, sino que, además, yo tenía origen judío. Y que eso demostraba que el sionismo mueve los hilos del separatismo catalán y que un supuesto *lobby* hebreo dirigido por mí financiaba los movimientos soberanistas. Según este señor, yo no era más que un «testaferro en España» de la casa Rothschild, que deseaba quedarse con Cataluña. Y mis palabras constituían «el primer paso de una hoja de ruta diseñada por el sionismo para dar validez internacional al desafío separatista». Según su retorcida lógica, el ministro de Relaciones Exteriores debía llamar a consultas a su embajador en mi país y tener una reunión a cara de perro conmigo.

Otro detalle importante de la política es que no importan las palabras, sino las reacciones a esas palabras. Si los grupos de presión necesitan una declaración tuya, la fabricarán a partir de lo poco que reciban. Y para muchas personas de alrededor, esa declaración se habrá producido... aunque nunca haya salido de tus labios.

Supongo que eso explica el enfado del Ministerio de Asuntos Exteriores. Apenas una hora después de mis supuestas declaraciones —el tiempo justo para que algún asistente diese la alerta en Santa Cruz—, el ministro bajó de su coche en el Congreso de los Diputados y consideró mis declaraciones «chocantes». Al mismo tiempo, alguien de su entorno llamó a nuestra embajada:

—El ministro exige que el embajador Costos lo llame para ofrecer una explicación de sus declaraciones en apoyo del separatismo catalán.

Yo me negué a llamarlo:

—No he hecho ninguna declaración en apoyo del separatismo catalán —defendí ante mi equipo—. La prensa ha sacado de quicio mis palabras y retorcido mis intenciones. Yo no tengo que disculparme de nada.

El Ministerio podía haber hecho su parte. Estaban autorizados a interpretar públicamente mis palabras como lo que eran: una advertencia contra la independencia, no a favor de ella. Yo no habría discutido esa interpretación, aunque las reglas de la diplomacia me impedían enfatizarla.

Pero no hicieron eso. Por el contrario, el Ministerio comenzó a presionar para que yo concediese una nueva entrevista, a ser posible en televisión, aclarando mi posición y corrigiendo mi «error».

Reuní a mi equipo para analizar la situación. Ellos opinaban que yo no podía disculparme por algo que no había dicho. Eso habría implicado aceptar que sí lo había dicho. Aun así, en la medida de lo posible, todos queríamos aliviar el malestar de Exteriores. Decidimos emitir un comunicado —más bien un tuit— en el que decíamos que nuestra posición sobre el tema catalán no había variado:

> Es desafortunado que algunos hayan malinterpretado mi declaración sobre la política de siempre de Estados Unidos sobre Cataluña. Se trata de un asunto interno de España.

Eso debía bastar.

Sin embargo, mi relación con Margallo nunca volvió a ser la misma.

En adelante, cada vez que nos veíamos, Margallo me miraba como si yo hubiera quemado una cruz en su presencia. Nunca lo olvidó. Nunca dejó de hacer un comentario malicioso, a ser posible, delante de otras personas, del estilo de «¿Por qué nos has hecho esto?».

La peor demostración de su resentimiento llegó durante un homenaje que organizó nuestra embajada a Bernardo de Gálvez, un español que había sido una pieza clave de la independencia de Estados Unidos. En 1781, en Pensacola Florida, Gálvez, al mando de solo cuatro navíos de la Infantería de Marina española, había tomado una bahía infestada de barcos británicos. La empresa era crucial para la causa rebelde, pero tan suicida que, desde entonces, el escudo de armas de Gálvez lució la leyenda «Yo solo» en recuerdo de su arrojo. Gálvez encarna la participación española en la existencia misma de mi país. Y, sin embargo, ha sido injustamente olvidado por las dos naciones que contribuyó a defender.

Con el fin de hacerle justicia a su memoria, el 9 diciembre de 2014 se colgó en el Capitolio de Estados Unidos un retrato de Bernardo de Gálvez. Y dos semanas después, el presidente Obama le concedió simbólicamente la nacionalidad estadounidense. Para dar eco a esas acciones, la fundación que lleva su nombre nos ofreció una réplica del retrato, que colgamos en la embajada durante un homenaje solemne, con himnos y pompas. A la ocasión, organizada por Eva García, asistieron marines y militares de ambos países..., y el ministro de Asuntos Exteriores.

En mi discurso, recordé la figura de Bernardo de Gálvez y agradecí su colaboración en nombre de Estados Unidos, como correspondía.

A continuación, Margallo tomó la palabra.

Y lo primero que hizo fue recordar ácidamente mis supuestos comentarios sobre Cataluña. Ojalá se hubiera quedado ahí. Pero a continuación, dijo:

—Por fin se cumple esta deuda de Estados Unidos con España. Una deuda de 230 años, casi tantos como los que llevo esperando que venga el secretario de Estado John Kerry...

Fue una completa falta de respeto. En mi propia casa. Enfrente de todo el mundo. Durante un homenaje por mi parte a su país, homenaje al que yo mismo lo había invitado a él.

Mientras el ministro hablaba, yo lo miré indignado. Ahora, él había quemado una cruz ante mí.

No tengo la piel fina. Nada de esto afectó nuestro trabajo ni mi amor por España ni, seguramente, el suyo por Estados Unidos. Pero su falta de consideración me lastimó. Nunca llegamos a hablar del tema después de eso. Espero que lo hagamos algún día.

Negocios para un mundo nuevo

La diplomacia parte de un principio fundamental: «Todos vivimos en el mismo mundo. A veces, unos tendrán más que otros, pero en el largo plazo, debemos cuidarnos entre todos». El eslogan agresivo de Donald Trump «América primero» representa la negación misma de la diplomacia.

Como embajador, yo debía defender los intereses de Estados Unidos, por supuesto. Pero mi postura es que los intereses propios se defienden mejor si se consideran en conjunto con los ajenos, si se destacan los objetivos comunes entre los demás y nosotros. Así, en vez de poner piedras en nuestro camino, los demás países querrán ayudarnos a conseguir nuestras metas.

Con ese espíritu, Estados Unidos creó el programa de intercambio académico Fulbright después de la Segunda Guerra Mundial. Su objetivo era evitar una Tercera Guerra Mundial, atrayendo a la élite global del futuro para que viviese y disfrutase de las oportunidades de nuestro país. Porque es más difícil atacar a un país que amas. Uno se lo piensa dos veces antes de hacer daño a un lugar donde tiene amigos, donde se preocupa por la gente.

Yo propuse a Fulbright para el Premio Príncipe de Asturias de Cooperación Internacional, que ganó en 2014. Para entonces, el programa llevaba casi siete décadas abriendo puertas de nuestra sociedad a estudiantes e investigadores de 150 países. Unos treinta beneficiarios cada año son españoles, que colaboran con instituciones por todos los estados de la Unión y se llevan de regreso a casa un aprecio especial por los estadounidenses —y una red de contactos— que expanden nuestra comunidad de afectos. En cientos de casos, los *Fulbrighters* terminan formando parte de los gobiernos, o ganando premios, como el propio Príncipe de Asturias, incluso el Nobel. Y gracias a eso, Estados Unidos forma parte de la vida íntima de líderes mundiales en todas las áreas.

En el mismo orden de ideas, formaba parte de mi deber como embajador preguntarme qué podía hacer por el país que me recibía. Qué estaba en nuestras manos ofrecer a mis anfitriones. La respuesta no era muy difícil: lo más acuciante, lo más grave y crucial para la España en que viví, era la crisis económica. Ayudarla a salir del bache constituiría el aporte más valioso.

El de embajador es uno de los puestos más emprendedores que se puede desempeñar. Tienes una serie de obligaciones ineludibles, claro, pero gozas de una gran libertad para elegir cómo enfocarlas. Cada diplomático tiene su estilo y sus preferencias, basadas en su experiencia personal. Cada uno pone en su misión el valor agregado que pueda.

Yo decidí estudiar la historia de las relaciones económicas entre nuestros países: qué empresas de cada país habían cruzado el charco, dónde habían triunfado o fracasado, y qué nichos de negocio podían ocupar las empresas estadounidenses para crear puestos de trabajo.

Afortunadamente, tenía acceso a mucha información porque me tocaba negociar el Acuerdo Transatlántico de Comercio e Inversión —TTIP, por sus siglas en inglés—, un acuerdo de libre comercio entre Estados Unidos y Europa que formaba parte de la visión de Obama de tumbar barreras comerciales entre nuestros países. (Al final de todo, los europeos prefirieron no firmarlo porque no sabían cuál sería la posición del siguiente Gobierno estadounidense. Tenían razón en sus reparos, pero, a la vez, de haber firmado, hoy tendrían muchos menos problemas con Trump.)

Desde el punto de vista de los negocios, se trataba de un momento fascinante. La economía global se estaba transformando (y sigue haciéndolo). Hasta hace unos años, el crecimiento y el empleo dependían casi en exclusiva de las grandes corporaciones, especialmente dedicadas a ámbitos como las finanzas, el petróleo o las infraestructuras. Pero la revolución digital está dibujando un nuevo mundo, sobre todo a partir de empresas tecnológicas con sede en Silicon Valley: negocios ecológicos con un gran margen para la creatividad individual y un infinito potencial para unir a las personas. En 2015, cinco de esas empresas —Apple, Alphabet (Google), Microsoft, Amazon y Facebook— aparecían entre las diez más poderosas del orbe. El presidente Obama había percibido este cambio, que apoyaba decididamente. Y yo mismo conocía muy bien esas empresas.

En cierto modo, ninguna de ellas funciona como las grandes empresas en el sentido tradicional, sino como plataformas que dan espacio a miles de aplicaciones. Y las aplicaciones no son más que «emergentes» (*startups*): empresas pequeñas y medianas, precisamente las que crean más puestos de trabajo y atraen más a los jóvenes.

Estos negocios, no obstante, afrontaban un importante desafío en España: las graves carencias en la protección de la propiedad intelectual que, de hecho, habían representado la mayor barrera para las relaciones bilaterales durante años. En 2008, Estados Unidos había incluido a España en el Informe Especial 301, una lista negra de países con carencias legislativas y susceptibles de sufrir sanciones comerciales, de la que solo saldría un año antes de mi llegada, en 2012. Aun así, en 2014, el 88 por ciento de los bienes culturales consumidos *on line* en España habían sido piratas, un 4 por ciento más que en 2013. Durante esos tres años, el Estado había dejado de cobrar 1.648 millones de euros en impuestos. Productoras de cine y música —pero también marcas como Nike o Adidas— sufrían una sangría en el país debido a la venta ilegal de imitaciones de sus productos, incluso en los escaparates de tiendas legales.

Además de legislar rigurosamente, nuestro reto consistía en crear conciencia entre los consumidores del impacto de sus acciones. La gente debía saber que cada película que se descargaba, cada disco que se pirateaba, incrementaba el precio de futuras producciones y dejaba a personas sin trabajo. La embajada y el Gobierno español dedicamos muchos esfuerzos a esos objetivos.

Para derrotar la piratería también hacía falta presentar un producto competitivo. Y aquí, una vez más, sirvieron las relaciones que traía de mi vida anterior. Como ningún embajador antes, viajé a Estados Unidos para persuadir a las compañías de invertir en España, hablándoles de las excelentes condiciones del país y de la calidad de sus profesionales. Siempre tuve a mi lado al jefe de la sección de Asuntos Económicos de la embajada, Anton Smith, y los diplomáticos Meghan Mercier y Chris Harris. Llamábamos a todas las puertas de Silicon Valley: Twitter; Cheryl Snadberg, de Facebook; Uber; Brian Chesky, de Airbnb; Chuck Robbins, de Cisco, y muchos más.

Además, acudimos a muchos de los mayores inversores y líderes empresariales neoyorquinos de Blackstone, Bank of America, Blackrock y Oaktree, todos ellos con intereses empresariales en España. Por supuesto, también llevamos a cabo muchos viajes a Washington D. C., además de las visitas oficiales con King y Rajoy. En muchas ocasiones visité al presidente Obama, al vicepresidente Biden y a Valarie Jarret, y siempre aprovechaba para reunirme con los funcionarios del Departamento de Estado, el Pentágono, el Ministerio de Comercio y el NSC para tratar temas bilaterales y multilaterales. Una vez también hicimos una parada en Detroit para encontrarnos con Bill Ford, ejecutivo de la Ford Motor Company, uno de los mayores empleadores en España.

Empresas que yo había visto de cerca, como Netflix o HBO, ofrecían contenidos que no se podían descargar ilegalmente y buscaban un entorno jurídico seguro. La embajada puso todos sus buenos oficios para ayudarlas y las dos desembarcaron en España durante mi gestión.

También atrajimos a productoras de Estados Unidos para sus estrenos europeos, como el de *Spiderman*, y para grabar sus series y películas. Gracias al trabajo de delegaciones comerciales que se reunieron en Hollywood y Madrid al más alto nivel, *El caso Bourne* se rodó en escenarios naturales de las islas Canarias. *Exodus*, de Ridley Scott, en Almería. *Juego de tronos* montó en Andalucía y otras regiones una producción espectacular, que visité un par de veces, con miles de figurantes disfrazados y hogueras en medio del desierto.

Además de crear trabajo para vestuaristas, electricistas, actores o productores, estos emprendimientos daban a conocer la profesionalidad de este país. Los americanos siempre quedaban impresionados por el talento de los artistas y técnicos españoles.

El universo digital también está revolucionando la prensa. Otro evento que acogimos en la embajada fue la reunión mundial de los editores del *Huffington Post*. Arianna Huffington todavía dirigía la publicación personalmente, y asistió. Arianna es una visionaria del periodismo y el estilo de vida actual. Volvió una vez más a España para promover su compañía Thrive, dedicada a la práctica de la meditación. Y sus técnicas, de hecho, me fueron muy útiles para sobrellevar la recargada agenda de la embajada.

Todo ese trabajo iba generando un nuevo ecosistema empresarial, una red de negocios que encajaba con las políticas de Obama y con la idea presidencial de abrir las instituciones a todos los niveles de la sociedad, no solo al *establishment*. De hecho, nuevos negocios de mi país que nunca había tenido contacto con la embajada ahora se acercaban a nosotros para abrirse paso en España.

Mi estilo diplomático de mezclar a todo el mundo también se extendió a los negocios. En recepciones y cenas, juntábamos a promesas de los negocios con artistas y consejeros delegados.

Reuníamos incluso a rivales naturales, como representantes de la hostelería con directivos de Airbnb para generar debate entre ellos. Yo les decía:

—Chicos, es hora de que empecéis a conversar entre vosotros.

A nivel protocolario, muchos directivos se enfadaban cuando los invitaba a un evento y los sentaba junto al creador de una pequeña empresa emergente. Pensaban que, si no los ponía al lado de un consejero delegado, no los tomaba en serio. Les sorprendía que yo ni siquiera asistiese a los mismos restaurantes que los embajadores anteriores. Las invitaciones llegaban a la embajada y se quedaban sin responder. Los dueños de los restaurantes llamaban a la oficina de protocolo casi ofendidos. Preguntaban por qué yo no había ido ya, como mandaba la tradición. Pero esos lugares «de siempre», esas reglas no escritas, se usan en los círculos de élite para aislarse del resto del mundo, que es justo lo que yo no tenía intención de hacer.

Algunos directivos juzgaron mi estilo como un desplante hacia ellos. Cuando haces las cosas de un modo diferente, te arriesgas a que no todos te comprendan.

Por suerte, también hubo grandes empresarios con más visión de futuro. Muchos comprendían que, en el fondo, la resistencia a las nuevas posibilidades de inversión tenía un lado suicida. Para sobrevivir a largo plazo, las grandes empresas deben incorporar en sus planes a toda una nueva generación de españoles, chicos con talento y ganas que, con el viejo orden, se estaban quedando en el paro.

José María Álvarez-Pallete, de Telefónica, y banqueros como Ana Botín o el grupo BBVA fueron muy receptivos a las oportunidades que les abría el universo digital. Ellos invertían en el desarrollo de emprendedores y creatividad. Y no les molestaba sentarse en una cena junto a los talentos jóvenes y las promesas del mundo de los negocios. Sabían que se estaban sentando al lado del futuro.

De manera natural, con esos empresarios empecé a coincidir

en más ocasiones. Ana Botín, por ejemplo, coincidía con muchas de mis ideas: mujer de éxito, líder financiera con inversiones en Estados Unidos, comprometida con la innovación y la tecnología, decidida a invertir en pequeñas y medianas empresas para contribuir a aliviar la crisis, estábamos destinados a llevarnos bien.

Ahora bien, no sé si llamar a nuestra relación «amistad». Ana es una persona muy agradable con un esposo encantador. Pero no pierde el tiempo. Trabaja cada minuto. Si te invitaba a una casa de campo para el fin de semana, no era realmente para pasar el fin de semana mirando las montañas. Sabías que allí encontrarías a otras personas influyentes que te interesaba conocer —el director del *Financial Times*, un político extranjero, un gran empresario—. Con ellos intercambiarías muchas ideas. Y al final, saldrías de allí con nuevos proyectos, incluso con nuevas obligaciones.

De mis encuentros con grandes empresarios, recuerdo especialmente el que tuve con Amancio Ortega y Pablo Isla, el rey y el príncipe del imperio Inditex. La joya de su corona, Zara, había pasado de ser una tienda de ropa de provincias a una cadena con más de seis mil locales en todo el planeta, y que operaba en Estados Unidos desde los años ochenta. Para cuando nos vimos, Amancio Ortega rivalizaba con Bill Gates por el primer puesto en la lista Forbes de los hombres más ricos del mundo. Y, sin embargo, Ortega jamás se dejaba ver en público ni concedía entrevistas. Era, sin duda, el ermitaño más rico del mundo.

Yo le dije a Pablo Isla que me encantaría conocer a ese icono de hombre hecho a sí mismo y él accedió a mis deseos. Comimos los tres en La Coruña y me enseñaron sus espectaculares instalaciones. Pasamos dos fascinantes horas y media juntos, con Pablo como traductor. Me hablaron de su inversión en tecnología y su visión del futuro.

Zara es la mayor cadena del planeta en cantidad de locales. Pero nadie sabe que es española. Podría ser perfectamente suiza. El nombre, las tiendas, la ropa... se conciben para funcionar globalmente, en cualquier país, sin mención alguna a su origen. Tiene fábricas por todas partes. A mí, sin mucho tino, se me ocurrió comentar:

—¿Y nunca publicitáis el hecho de ser una cadena española?

—No hacemos publicidad.

—Pero podríais dar mucha visibilidad a España. Bastaría con poner algo en cada local, del tipo «sorteamos un viaje a España por cada cien euros de compras en Zara».

Ortega me miró como si estuviese loco de atar:

—¡Jamás haríamos eso!

Aunque perfectamente respetable, su agnosticismo nacional me pareció un poco triste. Y, sin embargo, es una característica común a las marcas españolas. Salvo Mango, que pone el nombre de Barcelona en sus marquesinas, la mayoría de las empresas de este país tratan de que su origen pase desapercibido. Eso no ocurre con otras empresas europeas. Ermenegildo Zegna o Gucci lucen italianas. Chanel se hace ver francesa. En las tiendas de esas marcas puedes beber capuchinos o champán. En cambio, las empresas españolas se sienten más inseguras sobre su identidad.

Si tuviese que escoger un empresario español que me inspirase especialmente, escogería a dos que, en la práctica, actuaron como mis consejeros: Plácido Arango, el creador de las tiendas VIPS —que en realidad es mexicano— ,y Leopoldo Rodés, a quien ya conocía de antes y que falleció en un trágico accidente automovilístico precisamente durante mi gestión. Ambos, caballeros elegantes, muy bien vestidos y muy bien conectados, amigos de líderes en todos los sectores, cercanos a la familia real y mecenas de las artes y la cultura. Tuve la suerte de que ambos me acogiesen a mi llegada a Madrid, y cada vez que yo iba a ver a alguien, les preguntaba:

—¿Qué sabes de esta persona? ¿De qué debería hablarle? ¿Cómo interesarla en los proyectos de la embajada?

Tuve mucha suerte de contar con ellos dos, porque, cuando eres embajador, ves a mucha gente, pero haces pocos amigos. Tienes acceso a privilegios y círculos sociales que otras personas quieren, pero solo durante un tiempo limitado, lo que te impide conocer en profundidad a todo el mundo. Además, cada persona que encuentras vela por sus intereses, que no siempre resultan aparentes. O como Michael me advirtió al llegar a Madrid:

—Ser embajador es como estar casado con un famoso: todo el mundo te quiere mientras dura, pero cuando te divorcias, todo el mundo se va. Así que vigila la vida social. Los primeros amigos que hagas son también los primeros que perderás al marcharte.

Tenía razón. Por eso es muy importante contar con personas de confianza absoluta que te ayuden a entender el mundo en que te mueves. Su importancia se vuelve aún mayor si pretendes hacer las cosas a tu manera, como era mi caso. Nunca agradeceré lo suficiente a Plácido y Leopoldo sus consejos, su guía y su lealtad.

Google y los emprendedores

Después de unos cuatro meses en Madrid, ya me había reunido con prácticamente todos los líderes empresariales del país.

Ninguno bajaba de los cincuenta años.

¿Dónde estaban los jóvenes? Muchos de ellos, en el paro, desperdiciando lamentablemente su talento y energía. Mientras el mundo ingresaba en la era digital, las élites españolas se rezagaban porque habían sido formadas en el siglo xx. Y, sin embargo, miles de potenciales (y desconocidos) líderes españoles podían hallar un lugar en el mundo e insertar a su país en la revolución tecnológica. Solo necesitaban recibir la orientación correcta.

En busca de una mirada más fresca sobre los negocios, le dije a mi equipo:

—¡Quiero reunirme con el futuro de España!

Me trajeron a algunos emprendedores: Miguel, Iñaki, Aquilino y otros miembros de la asociación Chamberí Valley, dedicada a los emprendedores.

En junio de 2015, con Chamberí Valley creamos y organizamos la conferencia de innovación IN3. Se trataba de reunir a inversores, instituciones y emprendedores norteamericanos y españoles para crear un ecosistema de creación empresarial dinámica que, en última instancia, ayudase a España a salir de la crisis. (IN3 continúa hoy en día, cuatro años más tarde, y es responsable de centenares de millones de dólares en inversiones cada año.)

Simultáneamente, inauguramos el campus Google de Madrid. La capital española se convirtió en la cuarta ciudad del mundo que acogía una comunidad de *start ups* bajo la sombra protectora del gigante tecnológico. Para la inauguración del campus vino Eric Schmidt, presidente ejecutivo de Google y miembro del Consejo de Apple, un buen amigo (que ahora es mi vecino, pues acabó instalándose cerca de mi casa de Holmby Hills).

La ocasión merecía invitar al rey Felipe, que ya había visitado la sede de Google durante su viaje a California. Y Su Majestad tuvo la amabilidad de aceptar.

Entre los invitados al campus se encontraba uno de los emprendedores españoles que yo más admiraba: David Troya, impulsor de la plataforma tecnológica Glamping Hub, una especie de Airbnb para senderistas y campistas que buscan alojamientos glamurosos en la naturaleza: casas en árboles, tiendas de safari, yurtas, caravanas... La aplicación de David había despertado un gran interés por parte de algunos inversores en Estados Unidos. A cambio de su apoyo, y para controlar su inversión, estos empresarios le pidieron trasladarse a Silicon Valley.

La mayoría de empresas emergentes darían la vida por una invitación a Silicon Valley. Existe hasta una serie de televisión de HBO sobre la intensa competencia entre programadores para triunfar allí. Y sin embargo, para sorpresa del mundo, David se negó a mudarse.

—Lo siento, pero soy español y amo mi país —respondió—. Pienso instalar mis oficinas en Sevilla. Si no me quieren dar el dinero, lo comprenderé, pero mi decisión es inamovible.

Su aplicación era tan buena que le dieron el dinero.

Yo lo había conocido durante mi primer año en la embajada y, para entonces, Glamping Hub ya contrataba tanto a españoles como a norteamericanos, valía tres millones de euros y lideraba el sector. Como si fuera poco, David tiene mucho estilo. Parece un creativo de Nueva York.

Desde que nos conocimos, siempre pensé que David debía

conocer al rey Felipe porque representa esa España moderna e innovadora pero orgullosa de sus raíces que a Felipe le interesa construir. Muchas veces, le sugerí a David:

—Deberías tratar de comunicarte con Su Majestad. ¿Por qué no le escribes? Invítalo a tus oficinas cuando vaya a Sevilla.

Él se encogía de hombros y respondía:

—Nosotros no hacemos eso. No conectamos con nadie más allá de nuestro nivel.

Yo argumentaba por experiencia propia:

—En Estados Unidos, puedes escribirle al presidente y, muy probablemente, recibirás una respuesta.

Pero él insistía:

—Nosotros no funcionamos así.

Temía el fracaso de una gestión como esa.

He ahí una de las principales diferencias entre la filosofía de los negocios de Estados Unidos y España. Los estadounidenses —como tendencia general— asumimos el fracaso como un requisito del éxito. Avanzamos mediante el sistema de ensayo y error. Las cosas salen mal hasta que salen bien. Los emprendedores españoles, sobre todo en un momento de crisis y restricciones al crédito bancario, pensaban más —y con más miedo— en las consecuencias: las deudas, la derrota y el estigma personal.

Para la inauguración del campus Google, decidí sentar a David y otros emprendedores en la mesa de Felipe. Mi idea era que el rey y, en general, todas las grandes personalidad españolas que asistieran, se rodeasen de jóvenes creativos y emprendedores llenos de juventud y energía.

Como es natural, antes del evento, la Casa Real me pidió la lista de invitados y el mapa de las mesas. Como siempre, su obsesión era determinar quién iba a sentarse con el rey en la mesa de autoridades. No se les había pasado por la cabeza que existiese un diseño sin mesa de autoridades.

Mandé el programa tal y como lo tenía pensado al departamento de protocolo. Un par de días después, Anton Smith se presentó en mi despacho diciendo tres palabras:

—Tenemos un problema.

—¿Qué?

—La Casa Real ha visto la mesa del evento. Básicamente, dicen que eso no puede ser. Bajo ningún concepto.

Según el protocolo tradicional, Felipe debía sentarse con Eric Schmidt, el ministro de Industria José Manuel Soria y el jefe de la Casa Real. Otra vez, los jefes del sistema juntándose entre ellos. A solas. Y mi pobre emprendedor, con sus iguales. El concepto protocolar no distaba mucho del de los hogares de familias conservadoras: la mesa de los adultos y la mesa de los niños. Los burócratas de la vida social no entendían que un proyecto como el campus Google se basa precisamente en la capacidad de romper esas barreras.

Propuse otra alternativa: cada cabeza importante se sentaría con un grupo de gente nueva: yo, en una mesa con jóvenes; Ana Botín, en otra con inversores; Pablo Isla, en una de emprendedores; en otra, la secretaria de la asociación de pymes de Estados Unidos, María Contreras-Sweet; y así. De ese modo, las autoridades quedarían destacadas, pero rodeadas por los líderes del futuro.

Me miraron como si hubiera propuesto servir una cena a base de insectos y gusanos.

Entendí que no quedaba más remedio que llamar personalmente a Felipe. A veces, hace falta que las cabezas hablen entre ellas, aunque sea para no sentarse entre ellas. Conseguí hablar con el rey y le expliqué la situación:

—Majestad, esta reunión es sobre el futuro. Y usted representa el futuro. Usted encarna el nuevo liderazgo. Por lo tanto, ésta es su gente. Conozco a cada uno de los emprendedores aquí presentes. Todos lo admiran profundamente y esperan de usted una inspiración. No tiene sentido mandarlos justo a ellos a otra mesa mientras nos reunimos en la mesa central todos los que ya nos conocemos. El principal beneficiado de romper el protocolo es usted, para mostrar que ahora la monarquía tiende puentes hacia la gente que hace cosas en y por España.

Él lo entendió perfectamente.

Aun con su aceptación, hizo falta negociar con sus subordinados, la mayoría de ellos, orgullosos de ser unos aburridos. Tras todo el trasiego, llegamos a una solución intermedia: tendríamos muchas mesas, pero una de ellas sería más grande que las demás, de unas veinte personas; una suerte de mesa principal donde estaría el rey, Eric Schmidt, yo... Y jóvenes emprendedores.

Para entonces, yo ya entendía que, si querían evitar malas interpretaciones de mi trabajo, yo mismo debía convertirme en su portavoz principal. Para que nadie pensase que yo solo quería divertirme, tenía que dejar muy claro el objetivo de cada evento que organizaba. Así que, en todas las ocasiones sociales, me tocaba levantarme y anunciar:

—El propósito de esta noche es que ustedes se conozcan y se relacionen. La creatividad surge de inventar nuevos lazos humanos. La innovación surge de encontrar nuevos puntos de vista...

La noche de la inauguración del campus Google, Eric pronunció el primer discurso. A mí me tocó el segundo. Mi misión era explicar qué hacíamos ahí y, por supuesto, presentar al rey. Por mi cuenta y riesgo, añadí unas palabras sobre, precisamente, las mesas:

—Hoy nadie está sentado con gente de su nivel —anuncié—. Hoy cada invitado tiene a su lado a una persona de la que puede aprender y con la que puede crear nuevas redes y nuevas ideas.

Junto al rey se sentaba David Troya. Al fin se conocían. En mi discurso, conté la historia de cómo, con tal de quedarse en España y colaborar con su desarrollo, David había estado a punto de abandonar una oportunidad. Pero, al final, la había aprovechado para crear lazos entre mi país y el suyo.

David quedó fascinado. Y estoy seguro de que el rey también disfrutó más esa noche que conversando —por enésima vez— con un ministro o conmigo.

El pequeño país entre las montañas

Para convertirse en embajador de Andorra, es necesario presentar credenciales dos veces. Una, ante el presidente de Francia, en su bellísimo palacio del Elíseo; y la segunda, ante el obispo de la Seu d'Urgell, en su pequeño pueblo del Pirineo leridano.

Ocurre así porque Andorra es más antigua que España y Francia. En el siglo XI, el conde de Urgel nombró copríncipes de ese territorio a su obispo, que diez siglos después sigue siendo un obispo, y a otro conde, cuyo dominio se integró en el reino de Navarra, luego en el de Francia y, después de la revolución de 1789, en la República Francesa. Con ese peculiar sistema de gobierno, Andorra, ese pequeño país entre las montañas de menos de 500 kilómetros cuadrados y 78.000 habitantes, ha sobrevivido apaciblemente durante un milenio mientras Europa se desangraba en guerras, ganaba y perdía colonias, y transformaba sus fronteras.

Cuando llegué allí por primera vez, en noviembre de 2013, mis escoltas españoles tuvieron que quedarse en la frontera. El conductor de mi Cadillac se mantuvo en su puesto, pero un guardia andorrano entró en el coche y seguimos adelante con él, como símbolo de que habíamos cambiado de país. El guardia se llamaba Blai Jane y fue extraoficialmente mi primer guía andorrano, uno muy orgulloso del país que representaba. Mientras avanzaba entre las montañas nevadas y luego entre los edificios medievales de Andorra la Vella, supe que me enamoraría de ese paisaje. Y, en efecto, me convertí en el embajador estadounidense con más presencia allí.

Durante mi gestión, repetí viaje seis veces, en invierno y en verano, por trabajo y para pasar mi última Navidad. Sobrevolé el territorio en helicóptero. Disfruté de la vista desde el suntuoso hotel Hermitage, el más alto de todos, casi en la frontera francesa. Y tendí muchos puentes, más allá de las montañas y el mar.

Poca gente lo sabe, pero Andorra es un país muy interesado en la innovación tecnológica y extraordinariamente dinámico. Sus reducidas dimensiones lo vuelven ideal para el análisis del comportamiento social: patrones de conducta y circulación, impacto del turismo, esas cosas. En un lugar como Nueva York resulta difícil distinguir a los turistas de otros viajeros, y a todos ellos de los locales, que con frecuencia son extranjeros. En cambio, Andorra, todo un país del tamaño de una pequeña ciudad, configura una especie de laboratorio social perfecto. Por eso, mi embajada colaboró con un programa de estudios conjuntos entre el principado y el Instituto Tecnológico de Massachusetts sobre temas como el turismo o los vehículos autónomos. También promovimos allí programas de intercambio académico, como el Fulbright.

Uno de los grandes atractivos turísticos andorranos son sus tiendas: mucha gente viaja allí para hacer compras aprovechando las ventajas fiscales. Así que el principado mostraba gran interés en atraer marcas estadounidenses para potenciar el sector. Entre otras, durante mi gestión, con la ayuda de Plácido Arango hijo, se montó ahí la primera cafetería Starbucks. Y tuvo tanto éxito que ahora abrirán la segunda.

Sin duda, si hubo en esos años un tema que concentró la atención internacional sobre el principado fue la banca. El líder de su Ejecutivo, Antoni Martí, estaba luchando contra la herencia de opacidad de su sistema financiero. En 2011, el principado había firmado varios convenios para salir de la lista internacional de paraísos fiscales e intentaba presentarse ante el mundo como un actor honesto para atraer inversiones. Pero después de eso había estallado el caso Pujol: el líder histórico del nacionalismo catalán ocultaba una fortuna al fisco en bancos andorranos, a los que llevaba bolsas de deportes llenas de dinero.

En marzo de 2015, el Tesoro de Estados Unidos puso más presión sobre el tema al acusar al grupo Banca Privada de Andorra de captar fondos procedentes de organizaciones criminales de Rusia, China y Venezuela a cambio de jugosas comisiones. La acusación detallaba que la BPA había lavado dinero para el mafioso ruso Andrei Petrov, el chino Gao Ping, acusado de blanqueo de capitales y tráfico de personas, y para funcionarios del Gobierno venezolano que desviaban petrodólares.

Los detalles de la operación son confidenciales, pero puedo decir que Martí, que acababa de ser reelegido, reaccionó con energía y ordenó la intervención inmediata de la BPA para garantizar una investigación transparente y la seguridad de los ahorradores. La cooperación entre nuestros tres países fue total y, ese mismo día, el Banco de España acordaba la intervención de la filial de BPA en el país.

El blanqueo de dinero y la opacidad fiscal son delitos que requieren sociedades internacionales y, por lo tanto, solo pueden combatirse con eficacia mediante la cooperación entre países. La intervención de la BPA constituyó un ejemplo de esa cooperación y del compromiso del principado por dejar atrás su leyenda negra financiera.

Aunque pequeña en territorio, Andorra tiene mucho que ofrecer al mundo. Y lo mejor es su gente. Hoy en día, sigo teniendo las mejores relaciones con el primer ministro Martí, el canciller Gilbert Saboya y hasta con el guardaespaldas Blai Jane, que me enseñó sus montañas aquella primera vez.

SIEMPRE NOS QUEDARÁ MADRID

La despedida

Uno sabe que habrá un final.

En casos como este, no hay margen para sorpresas.

Con la culminación de la presidencia de Obama, el 20 de enero de 2017, llegaría la mía como embajador. Incluso si ganaban los demócratas. Perdería mi pasaporte diplomático, mi tarjeta de funcionario y mi residencia española. El fin es el fin. No se te permite conservar nada de tu vida anterior.

En 2016, todo lo que hice lo hice por última vez. Y lo sabía. Mi última Semana Santa. Mi último discurso del Cuatro de Julio. Mi última visita a cada ciudad, y a Andorra. Con cada acto, me iba despidiendo. Y me iban despidiendo a mí. La asociación histórica The Legacy me nombró embajador perpetuo, un cargo honorífico lleno de cariño. Durante la ceremonia me regalaron un ejemplar del tratado de límites marítimos que George Washington había firmado con España. Cada acto, cada encuentro, cada regalo decía adiós.

Conforme se acercaba mi partida, mi única gran frustración en lo personal consistía en no hablar un buen español. No tengo una excusa original para eso. Solo puedo argumentar en mi defensa la falta de tiempo. Seguí al pie de la letra el consejo del presidente:

—Que salgas de la embajada. Que viajes. Ve a buscar a la gente de España y Andorra y cuéntales historias de esperanza y éxito de nuestro país.

De acuerdo con esa premisa, recorrí las diecisiete comunidades españolas, dedicando a cada una varios días para conocer sus atractivos y a sus autoridades, sus actividades económicas y su oferta cultural. La mayor parte de mi tiempo de gestión lo pasé de viaje. No hay profesor que soporte a un alumno tan incontrolable.

A cargo de mi formación tenía a mi asistente Judith, una funcionaria leal y trabajadora que entendió desde el principio mi estilo y organizó mi agenda. Judith era la guardiana protectora de mi puerta: impedía el paso a quienes no debían llegar, pero también sabía cuándo y a quién abrirlas. Escribió miles de cartas de agradecimiento y de invitación. Con la misma eficiencia, seleccionó sucesivamente a tres o cuatro profesores de español y reservó fechas para nuestras clases con dos meses de antelación. Lamentablemente, al final, siempre surgía alguna obligación imprevista y mi clase acababa cancelada por razones de agenda. Como a la quinta cancelación, los profesores renunciaban. No los culpo.

Tampoco era una asignatura fácil. Mi principal dificultad consistía en el género gramatical, que resulta muy complejo para un hablante de inglés. ¿Por qué en español «la silla» es femenino y «el sillón», masculino? Nunca llegué a entender decentemente esas diferencias.

Además de la lengua, me habría gustado aprender a tocar la guitarra española. Alguna vez me habían ofrecido una de regalo. Tuve que rechazarla porque los embajadores tienen prohibido recibir obsequios de más de 25 dólares. Pero me fascinaba su sonido. Durante los meses finales de mi gestión, mantenía la esperanza de seguir en contacto con España en el futuro y poner al día mis cuentas pendientes.

En el segundo semestre de 2016, sin embargo, mis preocupaciones eran menos románticas. Para empezar, estaba perdiendo vista. Aparte de la presbicia, se me estaban formando cataratas en los ojos. Los caracteres de mis discursos crecieron hasta el tamaño 25. Solo podía leer la prensa digital. Y a pesar de todo lo que me esmeraba en las relaciones sociales, no conseguía ver los ojos de mis interlocutores. Me convertí en el mejor cliente de la óptica. Cambié de gafas una y otra vez. No funcionó. Sabía que necesitaba cirugía, pero me negaba a distraerme del trabajo.

De hecho, tenía más trabajo que nunca. Después de la visita de Obama, Michael y yo empezamos a concretar mudanzas y desplazamientos. ¿Cómo devolveríamos las obras de arte de la residencia? ¿Cuándo viajaríamos? ¿A dónde llevaríamos nuestras cosas? La mitad de nuestra rutina consistía en preparar el fin de la rutina.

Decidimos que no nos despediríamos de Madrid con una fiesta. Nos despediríamos con dos.

A la primera, el día 13 de enero en la residencia, invitamos a 809 personas, la mayoría de ellas, militares, políticos o empresarios. Esa fue la despedida de mi equipo de la embajada. Debo decir aquí que tuve suerte de contar con personal de primera. El éxito, en este y en cualquier trabajo, depende de la gente que te acompaña. Un buen jefe debe contar con un entorno capaz de tomar decisiones con cierta autonomía, compartiendo sus triunfos y haciéndose responsable de sus fracasos. Al menos, eso pretendía la filosofía del presidente Obama. Donald Trump actúa al revés: actúa solo, sin escuchar a nadie y, cuando algo sale mal, despide a los miembros de su equipo. Esa noche les dije a todos mis compañeros de trabajo lo importantes que habían sido para mí.

La segunda fiesta, al día siguiente, de esmoquin y en el Museo del Traje, celebraría también mi cumpleaños y tendría un tono más personal. «Solo» 397 amigos y gente del glamour madrileño: Isabel Preysler y Mario Vargas Llosa; Alicia Koplowitz, General Felix Sanz, Rafael Del Pino, Alfonso y Myriam Cortina; la baronesa Thyssen; Carolina Herrera junior con su marido Miguel Báez, «El Litri»; Agatha Ruiz de la Prada; Simoneta Gómez Acebo; Nuria March. De parte de Estados Unidos, J. J. Abrams, Monique Lhuillier, Howard y Nancy Marks y Desirée Rogers, entre otros. Los discursos correrían a cargo de tres personas muy queridas:

Jorge Moragas, para hablar de mi trabajo diplomático; Eric Schmidt, que hablaría sobre mi labor en la promoción de los negocios estadounidenses; y Konstantin de Bulgaria, como amigo personal mío y del rey.

Por esos días, el rey en persona nos recibió a Michael y a mí juntos para decirnos adiós. Oficialmente, nos había concedido media hora. Pero nos sentamos en la mesa de juntas de su despacho de la Zarzuela, y luego llegó la reina, y luego tomamos un café... Al final, nos quedamos dos horas. Y quedamos en concertar una llamada telefónica con Obama en enero para que los dos pudieran despedirse personalmente.

Ese día en la Zarzuela lloré. Un poquito.

Fue la única despedida de Madrid que Michael soportó. Él se marchó antes que yo para no tener que decir adiós a todo el mundo, algo que le producía una tristeza infinita. Y bueno, a mí también, pero yo no podía irme.

Para mi último amanecer en Madrid, el equipo de la residencia me subió el desayuno a la cama. En la bandeja dejaron una rosa con un mensaje:

TE ECHAREMOS DE MENOS.

No quería bajar. Sabía que en el salón me esperaría el equipo de servicio de la residencia; toda la gente que me había acompañado durante más de tres años en cada momento: vistiéndome, cocinando, limpiando, comprando medicinas, dejándome listo para la vida en cada minuto. Ocho o nueve personas, españolas y latinoamericanas. A algunas de ellas nunca las volvería a ver. Me sentía tan frágil emocionalmente que demoré vestirme todo lo que pude. Quería reducir ese momento a la mínima expresión.

Durante los abrazos de despedida, muchos derramaron lágrimas. No solo me echarían de menos a mí. También a los perros. Me costó mucho no venirme abajo. Por suerte, esa mañana tocaba despedirme de Rajoy y presentarle al encargado de negocios, Kris Urs, que ocuparía mis funciones durante los meses siguientes. De modo que tenía un buen argumento para marcharme de allí rápido.

En mi camino al coche, volví la cabeza varias veces. Todos seguían ahí, en las escaleras, diciendo adiós.

Por suerte, la reunión en la Moncloa fue muy buena y me hizo olvidar por momentos la pena del adiós. Como había hecho con todos los ministros —desde Cospedal hasta Dastis— en las semanas anteriores, animé al Gobierno a tener las mejores relaciones con la Administración Trump, basadas en el interés mutuo. No es que me hiciese especial ilusión, pero el propio Obama, al día siguiente de las elecciones, había invitado al nuevo presidente a la Casa Blanca para decirle:

—Estamos aquí para ayudarle y facilitar la transición de poder. Queremos ofrecerle todo el conocimiento en nuestras manos para que su gestión como líder de esta nación sea un éxito.

Así que yo hice lo mismo.

De hecho, yo había hecho más que eso. Cuando Trump entró, no tenía ningún equipo de transición ni nada que se le pareciera. Pero el nuevo presidente había planteado en campaña muchos temas que afectaban directamente a España, como la balanza comercial, que quería poner a favor de Estados Unidos, o la aportación al presupuesto de los miembros de la OTAN, que pretendía subir. Mis contrapartes españolas no sabían a qué atenerse. Por suerte, resultó que un amigo mío es hermano del yerno y principal asesor de Trump.

Josh Kushner es un joven y talentoso empresario del sector de los medios e internet. Su compañía fue de las primeras que vio el potencial de empresas como Instagram o Spotify, y aunque sus intereses empresariales parecen opuestos a los de los Trump, él sigue siendo el mejor amigo de su hermano Jared. Durante mi gestión como embajador, la novia de Josh, Karlie Kloss, vino mucho a España, así que me dio el contacto de su hermano cuando se lo pedí.

Llamé a Jared Kushner y le expliqué por qué España es un socio estratégico. Le hablé de nuestra colaboración económica y militar. Le aseguré que las autoridades españolas ya se habían comprometido a incrementar su aportación a la OTAN conforme su economía se fuese recuperando. Y ofrecí todo el apoyo que el nuevo Gobierno pudiese necesitar para mi sucesor.

Aunque la conversación fue cortés y Jared se mostró agradecido, a la larga nunca pidió tal apoyo. Y nadie de su entorno volvió a llamarme. La Administración Trump carece de interés sobre cualquier forma de conocimiento institucional. Están empeñados en hacerlo todo a su manera. De todos modos, era mi deber intentarlo.

Lo que sí había logrado fue coordinar una reunión entre Dastis y el nuevo secretario de Estado, Rex Tillerson, y aconsejarle a Rajoy durante nuestra última reunión:

—Llame usted a Trump, señor presidente. En cuanto él ingrese en la Oficina Oval. Llámelo y ofrézcale de inmediato una visita a Washington para explicarle por qué España es importante para él.

No se lo dije, pero sí le di a entender que, al fin y al cabo, lo que Trump quiere es que lo llamen jefe. Si siente que otro jefe de Gobierno lo admira y lo apoya, y quiere ser como él, valorará su amistad.

En septiembre, efectivamente, Rajoy visitó a Trump en Washington. Espero haber tenido algo que ver con ese encuentro.

Fuera de los preparativos del trabajo, di las gracias al presidente, como había hecho con el rey y los ministros, por una etapa maravillosa de mi vida. Ellos habían sido mis anfitriones y me habían abierto las puertas, tratándome con más respeto y cariño del que habría soñado. Cuatro años antes, Michael y yo no teníamos idea del trato que recibiríamos. Éramos la primera pareja gay en nuestro puesto. Temíamos no ser aceptados. Ni siquiera sabíamos si la gente nos querría invitar a sus casas. Pero España siempre nos hizo sentir más que bienvenidos.

Ah, sí. También derramé una lagrimita con Rajoy.

Ya he dicho que Rajoy es un hombre muy estoico. Jamás exterioriza emociones. Pero me dio un abrazo y se despidió diciendo que yo era un crac, como ya he explicado, y estoy seguro de que eso era lo más parecido a las lágrimas que cualquier embajador iba a sacar de él. Finalmente, me despedí de mi equipo ejecutivo en el aeropuerto. A ellos les encantó lo de «crac».

Como Michael me esperaba en Washington, volé de regreso solo, rumiando mis recuerdos. En mi maleta de mano encontré una carta de despedida de mi amigo Liam, que alguien de mi equipo había dejado ahí. Recordé que Liam había acuñado la expresión «la diplomacia de la pista de baile», y muchos otros maravillosos recuerdos de mi tiempo como embajador acudieron a mi memoria, y me acompañaron en mi largo vuelo de vuelta.

Un embajador no es un político. Aunque se le designa a través de un proceso político, no recibe votos. Ni hace una campaña. Ni tiene un programa. Su único objetivo es representar a su país lo mejor que pueda.

Durante mis años en la embajada, intenté asumir la misma actitud que los Obama. Tener siempre los pies en la tierra y ser consciente de que se trataba solo de un espacio en el tiempo, que no debía cambiar lo que yo era. Y en ese momento, mientras Madrid se alejaba por la ventanilla del avión, estuve seguro de que dejaba la embajada el mismo James Costos que había entrado en ella.

Ciudadano Obama

El protocolo de la Casa Blanca indica que, después de la transmisión de mando, la guardia transporta al presidente saliente hasta el aeropuerto militar Marine 1, desde donde el avión presidencial lo lleva, en su último vuelo, a su nueva residencia, que por lo general coincide con el estado del que partió. Los Bush volaron a Texas. Los Clinton —supongo—, a Nueva York.

Contra toda tradición, los Obama tenían pensado permanecer en Washington después de abandonar el cargo. Su vida había crecido demasiado para caber en su viejo hogar de Chicago. Habían creado una fundación en la capital que debían administrar y, además, no querían interrumpir los estudios de Sasha, que aún estaba en el colegio. De hecho, la niña había crecido en Washington. Ese era su lugar.

Durante nuestras últimas visitas a los Obama, las dos parejas compartimos nuestras preocupaciones:

—¿A dónde iréis en el último vuelo? —les preguntamos.

Ellos se miraron entre sí sin saber qué decir.

—Supongo que tenemos que ir a algún lugar.

—Bueno, ¡venid a Palm Springs!

Era una idea grandiosa. Mi embajada había comenzado gracias a Obama. Y terminaría con él.

El 20 de enero de 2017, Michael y yo no asistimos al cambio de mando. Nos dirigimos directamente al aeropuerto y vimos la ceremonia por televisión junto con unos quinientos amigos y miembros del equipo del presidente, tan tristes y extrañados como ellos.

Alguien había levantado un pequeño estrado junto a la pista de aterrizaje para que los Obama pudiesen despedirse de todas esas personas. Pero Michael y yo tuvimos que entrar en el avión antes del discurso, porque ellos debían ser los últimos en caminar por la alfombra roja, flanqueados por la escolta de marines.

El avión presidencial siempre es el avión presidencial. Pero solo se llama *Air Force One* cuando lleva a un presidente vigente en su interior. Cuando no, se cambian las servilletas y los platos con el logo. Desde la ventanilla de ese aparato, que ya era solo a medias el de un mandatario, junto a un plato de uvas, Michael y yo asistimos a la última de las últimas ceremonias de Obama en el cargo.

Tras un emotivo adiós, la pareja subió las escalerillas y se despidió por última vez de sus seguidores. Cuando las puertas se cerraron, el expresidente y la ex primera dama se fundieron en un amoroso abrazo. No reproduciré las palabras que se dijeron. Baste con reseñar que su primer gesto a salvo de la mirada pública fue para hacerse saber cuánto se querían.

Obama recibe cariño allá donde va. Todo el mundo lo adora. Y todo el mundo sabía que venía a nuestra casa de Palm Springs. Así que nuestro aeropuerto de destino también se encontraba lleno de gente que quería despedirlo, al igual que todo el camino desde ahí hasta nuestra casa.

Pero entonces ocurrió algo inesperado. El tiempo era simple y llanamente espantoso. Una tormenta monumental se abatía sobre el aeropuerto y tuvimos que sobrevolarlo tres veces sin poder aterrizar. El avión temblaba. El personal estaba asustado. Un miembro de la tripulación nos informó:

—Es imposible tomar tierra en Palm Springs. Tendremos que volar hasta la próxima base aérea, a una hora de aquí.

Estábamos todos en la oficina presidencial del avión. Los Obama jugaban a las cartas. Él nunca pierde la calma, ni en las peores circunstancias. Yo le pregunté si esto le había pasado alguna vez, si durante sus ocho años usando ese avión había tenido que cambiar de destino. Respondió:

—Jamás.

—Es el anuncio de tiempos turbulentos —bromeé, porque todos queríamos hacerlo y rebajar la tensión... Pero no me equivocaba.

Esa noche llegamos a mi casa con dos horas de retraso y ya a oscuras. Aun así, todo el barrio se había reunido frente a mi puerta para darle la bienvenida a mi invitado.

Por la mañana, Obama decidió ir al gimnasio de nuestro club de campo y yo me ofrecí a acompañarlo. Sería su primer contacto con su nueva vida. Hasta ese momento, cada visita suya a nuestra casa había parecido una invasión. Como ya he dicho, un presidente llega con una caravana de vehículos, un búnker, cristal antibalas, sistemas de comunicación, servicio secreto, ambulancia, patrulleros, bomberos. Si sufre un golpe o un arañazo, recibe tratamiento médico inmediato. Esa mañana, Obama solo era un ciudadano común. Cuando salió a la puerta, por primera vez en ocho años, no tenía enfrente un ejército movilizado.

Como tampoco se puede descuidar la seguridad de un expresidente, el servicio secreto le había asignado tres SUV negros. Los vehículos llevaban carrocería blindada, pero tenían un tamaño normal. Acostumbrado a las gigantescas limusinas presidenciales, Obama debía interiorizar el verdadero tamaño del mundo.

En mi club, todos los miembros son muy discretos y no quisieron importunar a Obama. Muy de vez en cuando, se le acercaba algún socio, la mayoría de ellos con sus hijos, felices de estrecharle la mano. Pero la mayor parte del tiempo gozó de algo completamente cotidiano para cualquiera que no sea un presidente: paz para ejercitarse tranquilamente durante una hora.

Cuando salimos del gimnasio, hacía un precioso día de invierno. La tormenta de la noche anterior había descargado las nubes. Y ahora, el sol brillaba, el cielo estaba limpio y el fondo se veían los picos nevados. Obama se quedó mirando el horizonte un buen rato antes de decir:

—Nunca había visto nieve en esas montañas. —Y sonrió—. Este país es un lugar bonito.

Volvimos a los SUV para regresar a mi casa. Íbamos detrás. El conductor y un guardaespaldas en los asientos delanteros. En un momento dado, de repente, la pequeña caravana se detuvo. Pregunté:

—¿Qué pasa? ¿Por qué paramos?

El conductor me informó:

—Ya no tenemos una escolta policial cerrando las calles a nuestro paso. Ahora debemos parar en los semáforos.

Esa es otra cosa: un presidente no se detiene ante los semáforos. Lo prohíben las medidas de seguridad. Obama llevaba ocho años haciendo trayectos sin tráfico ni señales de stop.

El semáforo les dio a los paparazzi la oportunidad de acercarse al coche. En ese momento, Obama y yo manteníamos una conversación, de modo que fui yo quien vio acercarse corriendo a unos tipos hacia él, a sus espaldas, con cosas en la mano. Me aterroricé. ¿Sería un terrorista? ¿O un psicópata obsesionado? Ahora que él no llevaba consigo la fortaleza protectora de antes, me sentía —de un modo un tanto paranoico— responsable de lo que le pudiese pasar. En las fotos de la prensa del día siguiente, venía la primera imagen de Obama como un ciudadano de a pie. Se le podía ver a él relajado y satisfecho. Y a mí, con cara de pánico.

Los Obama pasaron tres días con nosotros, viendo películas y pensando en el futuro. Me tomé como una misión que viviesen esos días en la más absoluta paz, desconectados de las preocupaciones.

Desde entonces, el compromiso de la familia Obama con el mundo no ha cambiado. A través de su fundación, continúan involucrándose en los mismos temas: educación para las mujeres, medioambiente, tecnología o emprendimiento. Dan discursos, visitan muchos países e inspiran a la gente a construir un mundo mejor, porque siempre destacan lo positivo y buscan las palabras que hagan sentirse bien a las personas. En el oscuro planeta Trump, sus voces siguen hablando de los valores estadounidenses que nuestro Gobierno ha dejado de defender.

Pero eso fue después. Durante esas primeras 72 horas de regreso al mundo de los mortales, solo se dedicaron a disfrutar.

La única llamada oficial que recibieron fue la del rey Felipe, tal y como yo había prometido. Dos años antes, habíamos hablado desde ahí mismo con su padre Juan Carlos para saludarlo tras su abdicación. Esta llamada cerraba el círculo y marcaba una suerte de simetría de la historia.

La vida después

De vuelta en Los Ángeles tuve que renovar mi carnet de conducir. Ya no disfrutaba del lujo de mis conductores españoles, Jesús y Paco, que me llevaban a todas partes. Debía empezar a ocuparme de mí mismo.

No había calculado lo mal que tenía la vista. Pensaba que tenía problemas solo para ver de cerca. Sin embargo, me suspendieron en el examen de conducir. Me dijeron que estaba ciego ante la ley.

Pasé por el quirófano para operarme de las cataratas y corregir mi visión. Cuando volví a abrir los ojos, descubrí que llevaba meses perdiéndome los colores y las formas. Todo se veía más nítido, más hermoso. No podía esperar para volver a España y contemplar de nuevo el cielo que pintaba Sorolla.

Por suerte, no me faltarían oportunidades.

Al abandonar mi puesto de embajador, recibí ofertas de empresas españolas para servirles de puente con Estados Unidos. No me costó mucho aceptarlas. Michael y yo sabíamos que no queríamos alejarnos de este país. La embajada no había sido un destino turístico, sino el inicio de una relación.

Compramos un apartamento en el barrio de Salamanca y trasladamos allí nuestros bártulos. Es un lugar pequeño. Lo que no cabía —alfombras, cortinas, muebles— lo donamos a la embajada como recuerdo de nuestro paso por allí.

El escritorio de mi despacho madrileño es una colección de

pequeños recuerdos de la relación bilateral: aparte de las fotos —el rey, Obama, Michael—, guardo allí mi gorra del *USS Porter*, uno de los destructores estadounidenses destacados en Rota; un regalo de los marines: la bandera que ondeaba en la embajada; y mi teléfono rojo con línea directa a la Casa Blanca (que ahora es solo un teléfono). También un balón firmado por absolutamente todos los jugadores del F. C. Barcelona.

Trabajo con el F. C. Barcelona expandiendo sus relaciones comerciales y su proyección de marca en los Estados Unidos. También colaboro en los proyectos de la fundación del club para educar a través del fútbol a gente que vive situaciones sociales muy difíciles en todo el mundo.

Mi cooperación con España abarca la educación y el arte a través del Instituto de Empresa y la Fundación del Museo Reina Sofía. Pero nunca dejo de lado el mundo de los negocios, de donde provengo: a través del banco de inversión PJT Partners y el fondo Incus, atraigo capitales de Estados Unidos para emprendedores, empresas inmobiliarias e infraestructuras. Mi trabajo es expandir la presencia global de las grandes cosas que este país crea. De paso, mantengo la relación con los amigos que hice durante mi vida en Madrid.

Por su parte, Michael tiene su propia relación con la ciudad. Ha comenzado a vender sus telas en tiendas de Serrano. Y sigue siendo el alma de la fiesta. Cuando el Ritz cerró por reformas, organizó una cena íntima con amigos para despedirse del maravilloso bar de madera con muebles de lujo donde Ava Gardner había seducido a sus amantes y Hemingway se había emborrachado. Asistieron María García de la Rasilla, la infanta Elena y Agatha Ruiz de la Prada.

Michael y yo seguimos cultivando la relación entre los Obama y España, porque tienen mucho que ofrecerse mutuamente. En agosto de 2017, alquilamos una granja con ochenta caballos árabes en Mallorca e invitamos a Michelle. Eran sus primeras vacaciones solas después de la Casa Blanca y disfrutó de cada segundo. Paseamos por Palma de noche, navegamos, nadamos, hicimos senderismo. Le enseñamos nuestros lugares favoritos. Para nosotros, antes de llegar a la embajada, España había sido siempre un lugar para disfrutar. Y sigue siéndolo.

España, en cierto modo, determinó mi compromiso actual con la sociedad de Estados Unidos. Durante mi gestión como embajador, recibí a una pareja de estadounidenses profundamente inspiradores: el astronauta Mark Kelly y la congresista demócrata Gabby Giffords, que había sufrido un balazo en la cabeza en 2011 mientras daba un discurso de campaña. Mark y Gabby tienen una fundación llamada Giffords Courage contra la proliferación de armas. Me impactó tanto su experiencia y su espíritu que ahora formo parte del directorio de la fundación.

Evidentemente, también mantengo mi apoyo a mi comunidad LGBTQ. Aunque debo admitir con rubor que, a pesar de exigir y celebrar activamente los derechos civiles, Michael y yo aún no nos hemos casado.

A lo mejor es que somos afortunados. La demanda por el matrimonio igualitario nació de la necesidad de reconocer legalmente los derechos de la pareja cuando uno de sus miembros se encuentra hospitalizado o fallece. Pero nosotros no tenemos esa necesidad. Está claro que nuestras familias nunca se interpondrían entre nosotros. De todos modos, quién sabe. Quizá algún día.

Tampoco hemos tenido hijos. Alguna vez lo pensamos, pero la vida nos ha ido distrayendo. Y el tiempo nunca deja de correr. Ahora que medio la cincuentena, quizá sea un poco tarde para eso.

Nuestra vida sigue siendo como siempre ha sido. Todavía somos sociables —sobre todo, él— y nos encantan las fiestas. Hemos acogido a los Obama en Palm Springs y en Los Ángeles en algunas ocasiones, y nos hemos implicado activamente en organizar en casa numerosos eventos de campaña para los candidatos demócratas para reforzar el importante esfuerzo necesario para retomar el Congreso en 2018 y quizá la Casa Blanca en 2020.

Bueno, nuestra vida sigue siendo como siempre... pero algunas cosas han cambiado.

Poco después de mi regreso a Estados Unidos, mi ciudad natal, Lowell, me ofreció un homenaje como ciudadano notable. Fue muy emocionante. Me entregaron las llaves de la ciudad. Me organizaron eventos ante la comunidad griega, en la casa museo de Whistler por mi contribución a las artes, y en mi universidad.

A este último, asistieron unas trescientas personas, la mayoría, viejos conocidos de la infancia y la adolescencia. Eran los amigos que yo había abandonado de la noche a la mañana para vivir en Nueva York.

Ahí estaba Mary Jo, la vecina de mi primer barrio; los chicos de mi escuela técnica profesional; o mis compañeros de la facultad. A estas alturas, mi homosexualidad era bastante pública, así que no hacía falta esconderla ni anunciarla. La mayoría de mis viejos compañeros, en realidad, se moría por conocer a Michael.

Dos de ellos, Kenny y Barry, habían sido mis mejores amigos, pero no había vuelto a hablar con ellos desde mi partida. En esta ocasión, más de tres décadas después, aproveché para disculparme:

—Siento no haberos hablado de mí, de lo que yo era. Tenía miedo. No sabía cómo os lo tomaríais.

—Oh, siempre lo supimos —dijo Kenny—. Solo esperábamos que tú lo supieras.

—Traté de hablarte del tema una vez —recordó Barry—, pero tú te cerraste en banda. No querías ni mencionarlo.

Recordamos los viejos tiempos, nos dimos un abrazo y yo sentí que se cerraba un círculo en mi vida. Quizá, todo lo que he contado en este libro encontró su sentido final en ese instante, cuando pude volver a mi lugar de origen sin tener que esconder mi identidad.